Werner Thanecker

Sind Sie echt?

Werner Thanecker

Sind Sie echt?

Heiter-besinnliche Erlebnisse
aus 44 österreichischen
Ordensgemeinschaften

Meinen Mitbrüdern gewidmet

Herausgeber und Autor:
Werner Thanecker,
Rentmeister des Augustiner
Chorherrenstiftes Reichersberg

Illustration: Architekt Ingo Engel
Foto: Hirnschrodt
Konzeption, Gestaltung, Satz:
Marschall & Harfmann OHG
Druck: Mayer & Comp.
1. Auflage/1998
ISBN 3-901025-75-8

Zum Geleit!

Wer sind diese Menschen hinter Klostermauern?

Manchmal belächelt, manchmal als fast exotisch bestaunt, selten angepöbelt.

Ja, wer sind sie?!

Menschen wie du und ich, mit ihren Vorzügen, ihren Begabungen, aber auch mit ihren menschlichen Schwächen.

Und ganz wichtig ist zu vermerken: Das Leben in einer klösterlichen Gemeinschaft ist nicht eintönig, freud- und humorlos.

Das möchten diese kleinen Geschichten des Alltags – alles wirklich so geschehen! – in ihrer Buntheit zeigen.

Kardinal Joseph Ratzinger ist überzeugt, dass Humor zu den grundlegenden Kriterien der Unterscheidung der Geister gehört: „Wo Freudlosigkeit ist, wo der Humor stirbt, da ist der Geist Christi gewiß nicht. Und umgekehrt: Freude ist ein Zeichen der Gnade."

Eine andere Erkenntnis lautet: Humor ist die Frucht innerer Freiheit und kann der Freiheit immer neu eine Bahn brechen.

Ich danke allen, die diese Begebenheiten gesammelt und zur Verfügung gestellt haben. Es sind auf ihre Weise „Menschenbilder".

Allen, die diese herrlichen kleinen Anekdoten lesen, wünsche ich viel Freude!

Eberhard Vollnhofer
Propst

Vorwort

Letztes Jahr, bei der Präsentation des Buches „Ist das Kloster noch besetzt?“, dachte ich mir nicht, dass dieses Buch derartig positiv angenommen werden würde. Viele Rückmeldungen von Leserinnen und Lesern bestärkten mich weiterzuschreiben. Zudem war noch einiges an Material da, das nicht zu veröffentlichen schade gewesen wäre. In einem der Gespräche mit Lesern wurde die Idee geboren, klosterüberschreitend derartige Geschichten zu sammeln und zu verfassen.

Nach einer schöpferischen Pause war es dann so weit. Eigentlich sollte es ein Buch mit heiter-besinnlichen Geschichten aus österreichischen und bayerischen Klöstern werden. Siehe da, es kamen von den österreichischen Klöstern außerordentlich viele Geschichten. Die Seitenanzahl mußte von geplanten 150 auf 200 erhöht werden. Mit diesem Buch blieb ich im Lande. Die Bayern mögen mir verzeihen, denn ich muß sie auf das nächste Buch vertrösten.

Einen herzlichen Dank spreche ich allen 44 beteiligten Ordensgemeinschaften aus, die mir heiter-besinnliche Geschichten aus ihrem klösterlichen Alltag zur Verfügung gestellt hatten.

Ebenso gilt mein Dank dem Ehepaar Erika und Dr. Albert Zeilinger und meinen Mitbrüdern, Herrn Klemens Pillhofer und Johann Putzinger für die Korrekturen, sowie den beteiligten Mitarbeiter/innen im Haus für ihre Mithilfe.

Mein besonderer Dank gilt Herrn Mag. Arch. Ingo Engel sowie der Werbeagentur Marschall & Harfmann für die fachmännische Beratung in Layout und Gestaltung.

Ich wünsche allen Lesern viel Freude. Möge sie das Wort aus dem Buch Nehemia der Heiligen Schrift begleiten: „Die Freude im Herrn ist Stärke.“ Damit soll ausgedrückt sein, dass trotz allen Widernissen die Grundhaltung der Freude am Leben – am Leben aus dem Glauben – an erster Stelle stehen soll.

Mag. Werner Thanecker Can. Reg.
Rentmeister

Inhalt

Orden der Ewigen Anbetung des Allerheiligsten Sakramentes

Der Orden wurde im Jahr 1670 in Rom gegründet. Der Orden der Ewigen Anbetung ist ganz auf die Anbetung des Allerheiligsten Altarssakramentes ausgerichtet. „Ewige Anbetung" deshalb, weil Tag und Nacht - ohne Unterbrechung - Anbetung gehalten wird. Die Gründerin wollte auf diese Weise Antwort geben auf die Nöte ihrer Zeit. Das ist auch heute die bleibende Aufgabe - der betende Dienst für die Menschen.

Das Kloster zur Ewigen Anbetung in Innsbruck ist eine Niederlassung aus dem Jahr 1870, durch Sr. M. Pia Angelini gegründet, die selber in Innsbruck geboren ist. Zugleich ist das Kloster mit 13 Schwestern die einzige Niederlassung im deutschen Sprachraum.

Kochen will gelernt sein

Eine Schwester, von der man das Gefühl hatte, dass sie lieber in gelehrte Bücher schaute als in Kochbücher, wurde zur Köchin ernannt. Skeptisch war man, wie es ausgehen wird bzw. wie das Essen gelingen wird. Aber die Schwester kochte überraschenderweise ganz gut. Nur einiges wollte ihr nicht gelingen, unter anderem Grießknödel. Als einmal aufgetischt wurde, hob ein allgemeines und geräuschvolles Einfangen und Festhalten der harten Knödel mit dem Löffel im Teller an. Eine Schwester wußte sich zu helfen: Sie aß die Dinger mit Messer und Gabel.

Eine alte Schwester beschwerte sich über gekochte Nudeln, die ihr noch zu wenig weich gekocht waren: „Daß man doch die Nudeln immer erst im Magen fertig kochen muß!“

Klösterlicher Sprachgebrauch

Das Telefon läutet, jemand wünscht die Schwester von der Verwaltung zu sprechen. Die Pfortenschwester erklärt: „Rufen Sie bitte in fünf Minuten noch einmal an, ich muß der Schwester zuerst Schläge geben!“

Oder die Pfortenschwester bittet eine Mitschwester, die gerade des Weges kommt: „Gib mir bitte einen Schlag für die Mutter Oberin!“

Solche Redensarten kommen immer wieder vor: Gemeint sind Zeichen mit der Hausglocke, mit denen man eine Schwester schnell an die Pforte rufen kann.

Eine Mitschwester verabschiedet sich im Sprechzimmer und hat es ein wenig eilig, denn: „Ich habe unter Tisch Anbetung!“ Nein, nicht unter dem Tisch halten die Schwestern Anbetung, sondern gemeint ist die Anbetungsstunde vor dem ausgesetzten Allerheiligsten während der Mahlzeit.

Ein weiterer klösterlicher Fachausdruck, der nicht unbedingt auf Anhieb richtig verstanden wird, ist, wenn die Sakristanin sagt: „Ich wechsle morgen die Altäre.“ Gemeint ist: Sie wechselt morgen die Altartücher in der Kirche.

Original Schwester M. Paula

Ein richtiges Original war Schwester Paula, die Gartenschwester, die schon vor vielen Jahren verstorben ist. Einmal beschwerte sie sich, als sich niemand fand, der ihr bei einer

Arbeit helfen wollte: „Wenn mir niemand hilft, muß ich halt heiraten!“

Im Kloster war eine Dachreparatur notwendig geworden und mehrere Arbeiter betraten den Garten. Einer von ihnen erregte die Aufmerksamkeit von Sr. Paula. Er hatte einen ziemlich wilden Haar- und Bartwuchs. Nachdem sie sich den Mann ein Weilchen angeschaut hatte, kam sie zu Sr. Regina und fragte diese: „Ist das ein ausgetretener Kapuziner?“

Mit Sr. Regina, damals eine junge Schwester und ihre Nachfolgerin als Gärtnerin, wollte Sr. Paula im Winter einen Kirschbaum umschneiden. Traktor war damals noch keiner vorhanden. Sie brachten ein Seil an, um den Baum in die gewünschte Richtung ziehen zu können. Ein Weilchen wurde einträchtig miteinander am Stamm gesägt, dann zogen sie am Seil. Wieder einmal zog man gemeinsam mit allen Kräften, plötzlich riss das Seil und beide Schwestern purzelten übereinander in den Schnee.

Im gleichen Moment drang von der Nachbarschaft, dem Canisianum, schallendes Gelächter herüber. Zahlreiche Theologen hatten am Zimmerfenster mit Spannung das Ergebnis abgewartet und waren auf ihre Rechnung gekommen.

Mesneralltag

Von Alois, dem Mesner in der Klosterkirche, werden so manche lustige Dinge erzählt: Zu seiner Zeit war eine Schwester aus Deutschland Sakristanin, die großen Wert auf vornehme Sprachkultur legte. Einmal ging das so zu:

Die Schwester rief von der inneren Sakristei hinaus in die äußere Sakristei: „Herr Alois, geben Sie mir bitte die Meßkännchen herein!“ Der Mesner, brummig: „Was wollen's?“ „Die Meßkännchen brauche ich!“
„Ah so! Die Kanndalan wollen'S!“

Im Kloster ist ein besonderer Tag: Es wird eine Exhumierung in der kleinen Klostergruft durchgeführt. Den guten Alois beschäftigt die Angelegenheit sehr und er bringt, aufgeregt schnaufend, die Neuigkeit mit zum Frühstückstisch: „Herr Kaplan, heute werden im Kloster Schwestern konsumiert!"

Gastfreundschaft ist auch in einem Klausurorden großes Gebot, und anläßlich einer Einkleidungsfeier kam dies einmal besonders schön zu Tage: Zwanzig Verwandte der Novizin drängelten sich vor der Kirche. Alle hatte man zu einer Jause eingeladen. Der gutherzige Mesner hatte schnell einen Entschluss gefaßt: Mit zwei Tassen, einer kleinen Kanne Kaffee und Milch - die Jause für den Priester und den Mesner – labte er die Hungernden und Dürstenden. Jeder durfte einen kleinen Schluck nehmen und dann die Tasse an seinen Nachbarn weitergeben. An das Gebäck, das auch großzügig angeboten wurde, traute sich keiner heran - niemand rechnete mit dem Wunder der Brotvermehrung.

Als die Verwandten schließlich das Eßzimmer fanden, wo für alle gedeckt war, gab es großes Gelächter.

Klosternachwuchs

Gott sagt man unter anderem nach, dass er auch Humor habe. Die Anbetungsschwestern können es bestätigen! Eine Schwester war vor ihrem Klostereintritt keineswegs als fromm zu bezeichnen, hatte aber sehr fromme Eltern. Ihre Mutter setzte es sich in den Kopf, dass die Tochter eine Wallfahrt nach Lourdes machen sollte; die Tochter wehrte sich mit Händen und Füßen dagegen, fuhr aber doch mit dem Pilgerzug mit. Als sie nach einer Woche wieder heim kam, löste sie ihre Verlobung und erklärte fest, in das Kloster zur Ewigen Anbetung eintreten zu wollen. Das überstieg das realistische Denken der Mutter! Sie konnte sich nur das eine denken, dass ihre arme Tochter in Lourdes so etwas ähnliches wie einen Dachschaden abbekommen hätte, und sie schwor sich, niemals wieder jemanden von ihrer Familie nach Lourdes zu schicken. Die Mitschwester übrigens ist eine frohe und zufriedene Anbetungsschwester geworden.

Im Noviziat wird nicht nur geprüft, ob der junge Klosternachwuchs auch echte Klosterberufung hat, es wird auch versucht, herauszufinden, welche Fähigkeiten in ihm stecken, um später das richtige Amt im Kloster übernehmen zu können. Bei einer Klosterkandidatin stand eines ganz klar fest: Bei der Arbeit im Garten beobachtete die Novizenmeisterin, wie die Kandidatin jeden Wurm, jeden Käfer und jegliches andere, was ihr begegnete, in die Hände nahm, auf die Seite vor dem Spaten in Sicherheit brachte und mit jedem einige Worte wechselte. Also, es stand fest, dass diese Schwester für Gartenarbeiten nicht in Frage kam, sie wäre mit der Arbeit in alle Ewigkeit nicht fertig geworden.

Hoher Besuch im Kloster

Wieder einmal besuchte Bischof (mittlerweile Altbischof) Dr. Reinhold Stecher die Gemeinschaft. Für die Schwestern war das immer eine große Freude! Sie setzten sich im Refektorium zusammen. Am Beginn der Zusammenkunft sangen sie gemeinsam ein paar Lieder. Bischof Stecher sang kräftig mit, schaute dann auf die Gitarre und meinte: „Könnte ich die einmal kurz haben?“ Eine Stunde lang kamen sie nun nicht mehr aus dem Lachen heraus. Der Bischof sang den Schwestern lustige Lieder vor, die er von seinem Onkel übernommen hatte.

Fromme Sprüche ließ er den Schwestern keine da, es wurden auch keine großen und kleinen Probleme gelöst – aber alle spürten wohl die eine große geistliche Verbindung in der Gemeinschaft des christlichen Glaubens, wo die Fröhlichkeit ihren Platz hat.

Zisterzienserabtei Stift Rein

Das im Jahre 1129 gegründete Stift Rein ist das älteste durchgehend bestehende Zisterzienserstift der Welt. Die Klosteranlage mit der zweitgrößten Kirche der Steiermark spiegelt die Baugeschichte von achteinhalb Jahrhunderten wieder.

Die Zisterzienser von Rein betreuen nicht nur 13 Pfarreien seelsorgerisch, sie bieten den Besuchern des Stiftes auch ein reiches kulturelles Programm: Kirchenmusik, Konzerte und Ausstellungen.

Der Konvent umfaßt derzeit 15 Mitglieder.

Mit dem Zug

Pater Gerhard stammt aus dem Rheinland, genauer gesagt vom Niederrhein im Bundesland Nordrhein-Westfalen. Er kam auf Umwegen nach Stift Rein in der Steiermark. Seine Sprache verrät ihn heute noch. So wurde er von vielen Leuten gefragt, wie er nach Rein gekommen sei. Seine Antwort war kurz und bündig: „Mit dem Zug."

Keine Spur

Eifrig, wie die Novizen eben sind, stimmte der hoffnungsvolle junge Mönch beim damals lateinisch gebeteten Chorgebet irrtümlich den Psalm an: „Lauda, anima mea, Dominum" („Lobe den Herrn, meine Seele"). P. Udalrich, ein in der liturgischen Ordnung erfahrener Beter, konnte es sich nicht verkneifen, anstatt in den Psalm einzustimmen, den Neuling sofort mit den Worten zurechtzuweisen: „Aber wo denn, gar ka (keine) Spur!"

Rüstiger Pater

Pater Eberhard, damals schon über 80 Jahre alt, sollte bis zur Neubesetzung einer Reiner Stiftspfarre vorübergehend dort Pfarrer werden. Die Gläubigen hatten sich auf einen alten Herrn eingestellt. Stattdessen kam zum Sonntagsgottesdienst der damals 41-jährige P. Martin. Am Ende der Messe hörte er dann, wie die Leute sagten: „Der alte Herr ist aber noch sehr rüstig für sein Alter."

Vergessen

Pater Martin hält eine Taufe. Er begrüßt die Taufgemeinde und stellt dann die Frage: „Was erbitten Sie von der Kirche?" Die Patin, die vom Taufgeschehen anscheinend nicht viel Ahnung hat, antwortet spontan: „Nichts!"

Ähnlich erging es erst kürzlich P. Philipp als Neupriester bei einer Taufe. Auf die gleiche Frage kam die hilflose Antwort: „Das haben wir vergessen!"

Alles Topfen

Von P. Bernhard, bekannt für seinen trockenen Humor, wird ein „weises Wort" überliefert, das er oft den Brautpaaren bei der „Brautlehre" auf den Weg in die Ehe mitgegeben hat: „Mit der Ehe ist es wie mit der Milch: Zuerst ist sie süß, dann sauer, am Ende ist alles Topfen."

Männer

Bischof Weber weilt zur Visitation in der Stiftspfarre Stübing. Als guter Hirte kleidet er in pastoraler Klugheit seine Sorge in eine feinfühlende Frage: „Wie heißt das Sakrament, vor dem sich die Männer gerne drücken?" Prompt erhält er von einer Ministrantin die mutige Antwort: „Die Ehe!" Gemeint war die Beichte.

Heitere Mette

Die Gläubigen aus der Stiftspfarre, manche aus der Umgebung, mehrere sogar aus Graz, sind zur festlichen Mitternachtsmette in der Basilika zu Rein versammelt. Abt Petrus ist so heiser, dass er die Predigt nicht halten kann. Sein junger Kaplan P. David springt ein und predigt voller Begeisterung von der Freude der Menschwerdung des Gottessohnes. Er hat sich gut vorbereitet, schriftlich, versteht sich. Das Manuskript läßt er aber nach der glänzenden Predigt am Lesepult liegen - es schaut nicht gut aus, mit einem Zettel in der Hand beim Altarraum umherzulaufen. Mit bewegtem Herzen betet die Gemeinde das Glaubensbekenntnis. Und dann kommen die Fürbitten. Der Bürgermeister selbst (nicht nur zu Weihnachten ein braver Kirchgänger und Lektor) schreitet die Stufen empor, um vom Pult aus die Bitten vorzutragen. Er nimmt das dort liegende Blatt zur Hand und beginnt: „Liebe Gläubige! Soeben haben wir die Frohe Botschaft vom lichtvollen Geschehen der Heiligen Nacht vernommen..." Da durchzuckt's wie der Blitz den Prediger P. David: der hat doch den Zettel mit meiner Predigt erwischt! Er will zum Bürgermeister hinlaufen, da stürzt auch schon der aufmerksame Zeremoniär P. Michael auf den Fürbittenleser zu und nimmt ihm sanft, aber schnell das verwechselte Blatt aus der Hand. Der hat inzwischen das Unglück bemerkt, greift nun zum richtigen Text und bringt - mit etwas aufgeregter Stimme – dem neugeborenen Kind in der Krippe die echten Bitten vor. Mit lächelnden bis lachenden Gesichtern stimmt das heilige Gottesvolk ein: „Wir bitten dich, erhöre uns...!"

Kloster der Heimsuchung Mariens - Salesianerinnen

Der Orden der Heimsuchung Mariens, auch Salesianerinnen genannt, wurde 1610 vom hl. Franz von Sales und der hl. Johanna Franziska von Chantal in Annecy, Frankreich, gegründet. Es ist ein kontemplativer Orden. Das Kloster in Wien wurde 1717 zur Erziehung verarmter adeliger Mädchen gegründet.

Heute bietet es an: Kloster auf Zeit, Meditationskurse und Tage der Stille.

Mitgehört?

Im Schwesternchor wurde ein geistlicher Vortrag gehalten. Das Mikrophon war eingeschaltet. Anschließend an den Vortrag fand die Beichte im Chor statt. Eine Schwester war verhindert, in den Chor zu kommen, und arbeitete im darüberliegenden Oratorium. Nach beendeter Arbeit traf sie am Gang eine Schwester, die eben von der Beichte kam. Freudig sagte sie ihr: „Es war so laut, ich habe oben alles mitgehört." Da wurde die andere blaß und fragte:"Von mir?" Die Schwester hatte natürlich nicht die Beichte, sondern den Vortrag gemeint.

Sprachprobleme

Kloster und Orden sind eine französische Gründung, und einige französische Ausdrücke haben sich bis zum II. Vatikanischen Konzil gehalten. So nannte man die aus dem Amt geschiedene Oberin „Soeur la Déposée" und den Rekreationsraum „Assemblée". Eine Kandidatin, unkundig der französischen Sprache, wollte mit der früheren Oberin sprechen und fragte ihre Novizenmeisterin: „Ich weiß nicht, muß ich zu ihr sagen Soeur Déposée oder Soeur Assemblée?"

Stilblüten

Stilblüten einer italienischen Kandidatin, die eben erst Deutsch lernte: „Ich kann meinen Hutfinger nicht finden." Oder: „Jetzt haben ich den Gang gebest." Oder: „Da bin ich über den Gang geronnen." (gerannt)

Eine 80-jährige, schon etwas verwirrte Schwester sagte zur Oberin: „Von Nüssen wird man gescheit. Ich habe Ihnen zwei gebracht."

Falsche Perlen

Eine Schwester lag im Sterben, und man meinte, sie sei schon in Agonie. Eine der anwesenden Schwestern sagte zu der nebenstehenden ganz leise: „Sie war eine Perle!" Da hörte man die Sterbende mit hoher Stimme: „Es gibt aber auch falsche Perlen."

Höflichkeit

Eine Kandidatin war das erste Mal im Refektorium. Die Tischdienerinnen boten den Schwestern die Speisen der Reihe nach an. Wenn man von einer nichts nehmen will, ist es Brauch, eine kleine Kopfneigung zu machen. Die Kandidatin machte aus Höflichkeit eine kleine Neigung, und schon war die Dienerin mit der Speise bei der nächsten Schwester. Und so ging es die ganze Mahlzeit. Nachher fragte man die Kandidatin, warum sie nicht essen wolle. „Ich möchte schon gerne essen", war die Antwort, „aber man ist mit den Schüsseln immer gleich weitergegangen."

„Zoobesuch?“

Bis zum II. Vatikanischen Konzil waren wegen der päpstlichen Klausur in den Sprechzimmern Gitter angebracht. Eine Schwester bekam Besuch von einer Dame mit einem kleinen Mädchen. Während des Gespräches hinter Gittern sagte die Kleine plötzlich: „Mutti, es ist wie im Zoo.“

Kapuziner

Die Kapuziner sind ein Zweig der franziskanischen Familie. Sie bilden zusammen mit den Franziskanern und den Minoriten den Ersten Orden des hl. Franziskus. Im Bemühen, dem hl. Franziskus in neuer Form folgen zu können, taten sich um 1528 mehrere Brüder zu einer neuen Gemeinschaft zusammen; sie wurden „Kapuziner" genannt. Das Leben der Kapuziner ist nicht auf bestimmte Aufgaben festgelegt. Sie sind bemüht, jene Arbeitsbereiche zu wählen, die einer einfachen und brüderlichen Lebensweise entsprechen. Eine besondere Aufgabe ist der Einsatz in der Mission. Weitere Tätigkeitsfelder sind Beichtaushilfen und Aussprachen, Seelsorge in Krankenhäusern, Altersheimen und Blindenheimen, Seraphisches Liebeswerk mit Heimen und Schulen, Pfarraushilfen und Pfarrseelsorge, Schwesternseelsorge, Religionsunterricht, Besinnungstage für Jugendliche und Erwachsene und die Betreuung von Obdachlosen.

Leidenschaftlicher Jäger

Pater Wunibald war bekannt als leidenschaftlicher Jäger und Scharfschütze. So hat er in Braunau von seinem Zimmerfenster aus mehrere Abende lang die Leuchte über dem Eingang in das sozialistische Parteiheim abgeschossen.

Die SPÖ konnte sich einfach nicht erklären, wer dieser unverschämte Schütze sein könnte. „Alles Verborgene kommt eines Tages ans Licht!" Der „Scharfschütze P. Wonnebald" (so die Braunauer Zeitung Warte am Inn) erhielt eine Vorladung und mußte sich vor dem Parteipräsidium in der SPÖ-Zentrale am Stadtplatz verantworten. P. Wunibald stellte sich begriffsstützig und schwerfällig. In heftigem Ton herrschte ihn der Parteisekretär an: „Sagen Sie doch die Wahrheit! Sie wollten der SPÖ das Licht ausblasen!" Mit unschuldiger Miene ant-

wortete der Pater: „Ja schon, wenn ich das nur könnte!“ Die Verhandlung löste sich in Wohlgefallen auf. Pro forma waren 65 Schilling Strafe zu zahlen (eine Sammlung, durchgeführt von der Jägerschaft Mining, brachte für das Kloster das 20-fache herein!). Und ein weiteres Gutes: Der Parteisekretär, der 18 Jahre in standesamtlicher Ehe gelebt hatte, wurde von P. Wunibald kirchlich getraut.

Schaut der blöd drein

Von P. Wunibald wird erzählt: Er stand neben einem Christophorusdenkmal und wartete auf den Bus. Da sagte zu ihm ein norddeutscher Feriengast: „Mensch, Mann, der da schaut blöd drein!“ Dabei deutete er auf den heiligen Christophorus. P. Wunibald: „Was wollen Sie? Mit den Füßen steht er im Wasser und die Augen hat er auf das Finanzamt gerichtet. Da soll er nicht blöd dreinschauen?“

Examina

Natürlich gab es bei den Examina humorvolle Einlagen, wenn P. Wunibald an der Reihe war, als Professor die Prüfungen abzunehmen. So meinte er zu einem Kleriker: „Ein Kirchenlicht sind Sie ja gerade nicht!“ Prompt antwortet der junge Mitbruder: „P. Lektor, es braucht auch Löschhörnchen!“ – Zu einem anderen Studenten der Hauslehranstalt bemerkte er: „Ja, viel können Sie gerade nicht, aber für einen Guardian oder Definitor reicht's!“

Köstlich, wie er in Anwesenheit des Vorsitzenden Propst Dr. H. Huber, der damals Redakteur des Tiroler Kirchenblattes war, zu einem Examinaten sagte: „Haben Sie diesen theologischen Unsinn gar aus dem Kirchenblatt entnommen?“

Himmlische Rebhühner

P. Hugo Dittmann († 1964) hatte einen kleinen Wickel mit den Ehrwürdigen Schwestern vom heiligen Vinzenz von Paul. Ärgerlich keppelte er zur Sakristanin: „Ach was, ihr seid allesamt himmlische Rebhühner!“ Zum Namenstag erhielt er dann ein Paket von den Schwestern mit der Aufschrift: „An P. Hugo, den himmlischen Rebhühner-Farmer im seraphischen Garten der Kapuziner in Ried.“ Und der Inhalt: ein Rebhuhn zum Mittagstisch!

Mausi?

Braunau, im Wartesaal des Bahnhofes – Winter 1964: Auch P. Wunibald begibt sich in den geheizten Raum, da der Wind erbärmlich um die Ohren pfeift. Dort turtelt gerade ein verliebtes Paar. Sie: „Du bist mein Herzkäfer!“ Er: „Du bist mei Mausi, mei Mutzi-Katzi!“ Verärgert brummt P. Wunibald: „Ja, bis in zehn Jahren werden die Tierlein wachsen. Dann wird es heißen: ‘Du Esel – du Rindvieh – du Ochs’!“

Langer Hals

Bei einer Examenstunde in Brixen war es P. Klemens Schatz, der den Ausspruch tat: „Lieber Mitbruder, wenn Dein Hals so lang wäre wie Deine Dummheit, dann könntest Du mit der Zunge den Rahm von der Milchstraße ablecken!"

Nichts verdient

Pater Optat stieg einmal in Linz in die Tram und setzte sich auf eine Bank, die er voll ausfüllte. Eine hauchdünne Dame meinte, als der Schaffner das Billet verlangte: „Eigentlich müßte der Fahrpreis nach dem Gewicht berechnet werden!" P. Optat verstand und gab zurück: „Dann würden Sie gar nicht mitgenommen, weil die Straßenbahn an Ihnen nichts verdient!"

Bischöfliche Begebenheiten

Anfangs der Vierzigerjahre war es. Ein Kapuzinerpater spazierte von Kronburg Richtung Zams-Landeck. Ein junger Herr schloß sich ihm an und die beiden kamen ins Gespräch. Dem einfachen Pater „waren die Augen gehalten und er erkannte den Herrn nicht" (vgl. Lk 24,16). P. Andreas plauderte von seinen Gäupaterjahren und meinte, er habe eine große seelsorgliche Erfahrung gesammelt. Voll Anteilnahme ersuchte ihn der geistliche Herr, ihm doch einige gute Ratschläge zu erteilen. Und der Pater begann ihn zu belehren: „Herr Kaplan, zuerst einmal, nehmen Sie sich in acht vor den Weiberleut! Weibern kann man nie trauen! Weiber sind Schlangen! - Dann möchte ich Ihnen sehr raten, tun Sie sich nie überarbeiten. Schonen Sie Ihre Kräfte! Der Herrgott macht's schon! Schauen Sie recht auf Ihre Gesundheit! - Ja, und noch etwas: Halten Sie Distanz zum Ordinariat! Oh, diese Bonzen in der bischöflichen Kurie! Alles wegwerfen, was die einem zuschicken. Einen größeren Papierkorb anschaffen!" Schließlich meinte der Begleiter: „Herr Pater, ich werde mir das gut merken!" Kurz vor dem Zamerberg trennten sich ihre Wege. Neugierig fragte der Pater: „Herr Kaplan, darf ich noch wissen, wer Sie sind?" Der Gefragte schmunzelte: „Ja, das dürfen Sie schon wissen. Ich bin der Bischof von Innsbruck" (Dr. Paulus Rusch).

Und Bischof Dr. Rusch fragte anläßlich einer Visitation in Pfunds, bei der P. Viktorin anwesend war: „P. Viktorin, wieviele Seelen haben Sie denn in Spiß?" Prompt der Pater: „Exzellenz, 90 Seelen und 10 Finanzer!"

Viel kürzer

Visitation in einer Kapuzinerpfarre. Der Bischof fragt bei der Kinderstunde den Pater: „Nicht wahr, Herr Pfarrer, Sie predigen genau das Gleiche wie der Bischof?" Darauf der Mitbruder: „Ja, schon, aber viel kürzer!"

Vergessen

Pater Kallistus Haller (†1949) saß im Personenzug, heimwärts von einer Aushilfe. Es war 1939. Im Zug flegelte ihn ein Herr in SA-Uniform an und schimpfte über die Geistlichen. Als dieser in Innsbruck-West aussteigen wollte, sagte P. Kallistus zu ihm: „Sie, lieber Herr, Sie haben etwas vergessen!" Nervös schaute der Angesprochene im Abteil herum. Er bemerkte nichts. Etwas stotternd ergänzte der Pater: „Lieber Herr, Sie haben den Anstand vergessen!" Alles lachte und schnell war der SA-Mann weg.

Bartert oder Rasiert

Bischöfliche Visitation in Wippenham, Bezirk Ried i. I.. Bischof Dr. Zauner sagte in der Kinderstunde: „Kinder, hier seht ihr zwei ganz verschiedene Priester, den Herrn Pfarrer und einen Kapuziner. Was ist denn der Unterschied zwischen dem Pfarrer und dem Kapuziner?" Ein Mädchen zeigt auf und sprudelt heraus: „Der Kapuziner ist ein Barterter, der Pfarrer ein Rasierter!"

Besser angelegt

Beim Hausbesuch anläßlich einer Volksmission fragte P. Gaudentius einen Mann: „Ja, warum gehen Sie denn gar nie in die Kirche?" Die Antwort: „Herr Pater, ich habe der Kirche im Testament einen kleinen Acker vermacht. Da hat der Pfarrer mehr davon, als wenn ich am Sonntag im Kirchenstuhl dahinschlafe!"

Fliegender Heiliger Geist

Um die Einleitungspredigt bei einer Mission in einer kleinen Landgemeinde Oberösterreichs zu halten, bestieg der hochgewachsene Kapuziner-Missionär die etwas niedrige Kanzel, stieß mit seinem Kopf heftig an die Heilig-Geist-Taube, die mit einem zarten Draht am Kanzeldeckel befestigt war und ließ das kunstvolle Schnitzwerk über die Kanzel in das Kirchenschiff poltern. Zerbrochen in mehrere Teile lag der „Heilige Geist" am Boden. Schüchtern kicherten die Leute. Mit brummender Stimme, laut, für alle hörbar, schimpfte der Mesner: „Na, so ein Dübel! Der räumt gleich auf mit dem Heiligen Geist. Das geht gut an!"

Genie oder kleinlich

Ein Mitbruder machte sich lustig über die Unordnung auf dem Schreibtisch des Pater Guardian. Der Angegriffene schlug verbal zurück: „Ja, der kleinliche Mensch braucht eine peinliche Ordnung. Das Genie überblickt das Chaos!"

Trottel

Ein Volksmissionär erhielt einen Brief. Als er ihn öffnete, fand er auf einem Blatt Papier geschrieben: „Trottel!" Er nahm den Brief mit auf die Kanzel und sagte: „Manche Leute schreiben Briefe und vergessen die Unterschrift; heute hab ich einen bekommen zwar mit der Unterschrift, der Schreiber hat aber den Brieftext vergessen."

Fahrkarten bitte

In der Eisenbahn von Braunau nach Ried kam der Schaffner in das Abteil und sagte: „Bitte, die Fahrkarten vorweisen!“ Der Pater zaghaft: „Bitte, ich habe keine Fahrkarte!“ (Er wollte im Zug die Karte lösen.) Der Schaffner: „Macht gar nichts! Ich meinte nur, wenn Sie eine hätten, dann müßten Sie diese vorzeigen!“

Dienerinnen des Heiligsten Herzens Jesu, Wien

Die Kongregation wurde am 17. Oktober 1866 von Abbé Peter Viktor Braun, einem Priester aus Lothringen, in Paris gegründet. Die Schwestern widmen sich der Krankenpflege und sind auch als Kindergärtnerinnen und in der Altenpflege tätig. Durch den Deutsch-Französischen Krieg fand die Gemeinschaft ihre Ausbreitung nach England und Deutschland. Ein Wiener Arzt lernte die Schwestern im Kriegslazarett kennen und, in die Heimat zurückgekehrt, empfahl er dem Direktor des Rudolfsspitales, Schwestern für Österreich zu erbitten, welche sich dann mit dem Stifter direkt in Verbindung setzten. Heute führen die Schwestern das ordenseigene Krankenhaus in Wien. Zur österreichsichen Gemeinschaft mit dem Mutterhaus gehören Gemeinschaften in Deutschland, Polen und seit wenigen Jahren auch wieder in Tschechien.

1991 wurde für den Stifter der Gemeinschaft das Seligsprechungsverfahren eingeleitet.

Der geheimnisvolle Koffer!

An der Klosterpforte geschah es, dass einmal die äußere Tür geöffnet wurde. Rasch stellte ein junger Mann einen Koffer in den Vorraum und verschwand. Die Pfortenschwester bemerkte zwar etwas, doch ehe sie beim Eingang sein konnte, war der junge Mann schon entflohen. Eine Weile ließ sie den Koffer stehen, in der Meinung, es möchte sich noch jemand melden. Da jedoch niemand kam, wurde die Schwester skeptisch und berichtete davon der Vorgesetzten. Diese meinte, sie möge den Koffer öffnen und nachschauen. Dies verweigerte die Pfortenschwester jedoch mit Nachdruck: „Nein, öffnen werde ich ihn auf keinen Fall!“ Dann meinte die Schwester am Telefon: „So rufen Sie eben die Polizei!“ – Es kam ein Polizist; dieser scheute anfangs auch zurück, den Koffer zu öffnen, doch als die Schwester darauf bestand, öffnete er den Koffer. Was war drinnen? - Wäsche, schöne Wäsche, doch nein, da ist etwas Metallenes. Vorsichtig nahm er das Ding zur Hand - war das etwa gar eine Bombe? - Unabsichtlich kam er irgendwo an und plötzlich schoß etwas Langes just an seiner Nase vorbei. Schließlich mußte er doch lachen, denn es war ein Maßband. Zufrieden wurde der Koffer geschlossen. ---- Nach mehreren Stunden kamen zwei Burschen und ein junges Fräulein und fragten nach dem Koffer, denn das junge Fräulein war eine Postulantin.

Sie war ziemlich verblüfft, als sie erfuhr, dass ihres Koffers wegen die Polizei da war. Des Rätsels Lösung: Sie hatte nach der langen Anreise noch den Wunsch, mit ihren Brüdern ein wenig die Stadt zu besichtigen, ehe sie in die Kongregation eintrat.

Der diensteifrige Engel

Es war in den Jahren, wo noch viele Postulantinnen von den östlichen Nachbarländern in die Kongregation eingetreten sind. So gab es manche Schwester, die der deutschen Sprache nicht mächtig war. Eines Tages kam einer Schwester das Gebet ihrer Nachbarin etwas komisch vor, doch so genau konnte sie es nicht verstehen. Bei nächster Gelegenheit horchte sie genauer hin und hörte ihre Nachbarin beten: „Der Engel des Herrn brachte Maria die Potschn..." (das sind Hausschuhe)!

Erlauben Sie!

Eine junge Schwester fuhr mit der Straßenbahn und war im Gedränge einem Herrn auf den Fuß getreten. Da sie jedoch noch nicht gut deutsch sprechen konnte, verwechselte sie die Worte und sagte statt „Entschuldigen Sie!" „Erlauben Sie!"

Das Telegramm!

Einmal befiel eine Schwester ein sehr „dringliches" Gefühl und sie strebte eilends einer bestimmten Lokalität zu. Als sie über die Stiege rannte, sah sie plötzlich die Generaloberin kommen - man muß wissen, dass das Laufen über Stiegen und Gänge durchaus nicht den klösterlichen Gebräuchen entspricht! Sollte sie langsam gehen? – nein, die Dringlichkeit war größer. Kurz entschlossen lief sie grüßend an der verdutzten Generaloberin vorbei, schnurstracks auf die rettende Tür zu. Dies sah eine andere Schwester, erfaßte die Situation, deutete auf die Läuferin und sagte schelmisch zur Generaloberin: „Telegramm aus Darmstadt“. Auch die Generaloberin konnte sich das Lachen nicht mehr verbeißen.

In der Kirche

Die Sakristeischwester beobachtete während des Staubwischens in der Kirche folgendes:

Eine Mutter kam mit ihrem 3 – 4 Jahre alten Buben in die Kirche und ging zum Marienaltar, um zu beten. Während die Mutter betete, ging der Kleine auf Entdeckungsreise, er schaute zu den Heiligenstatuen hinauf und nichts ließ er unbesehen. Doch plötzlich entdeckte er den Beichtstuhl. Dieser schien ihn besonders zu faszinieren. Im Beichtstuhl saß der Priester und es brannte auch Licht. Kurzerhand steuerte der Kleine den Beichtstuhl an, zog den violetten Vorhang weg und sagte laut: „Kasperl, bist du da?“ – Der Priester sah ihn freundlich an. Ehe er etwas antworten konnte, kam die Mutter, die ihren Sprößling hörte, und entschuldigte sich beim Priester. Damit war die Entdeckungsreise jäh abgebrochen, denn sie nahm den Buben an der Hand und dieser schaute noch mit großen Augen zurück, während die Mutter mit ihm eilends die Kirche verließ.

Religiöse Unterweisung

Die Schwester erzählte den Kindern von der Hochzeit zu Kana. Plötzlich meldete sich ein Kind und sagte: „Ich weiß, warum den Hochzeitsleuten der Wein ausging!“ - Die Schwester fragt nach: „So, warum denn?“ - „Jesus hat seine Jünger nicht gemeldet.“

Ein anderes Mal wollte die Schwester wissen, ob alle das Abendgebet aufsagen könnten. – Ein Kind fing an zu beten mit folgendem Wortlaut: „...hab’ ich Unrecht heut’ getan, geht’s Dich, lieber Gott, nichts an!“

A u w e h !

Eine junge Schwester wollte zur Novizenmeisterin gehen und klopfte an die Tür. Aber statt eines „Herein“ oder „Bitte“, hörte sie nur „Auweh!“. Sie klopfte noch einmal und wiederum hörte sie „Auweh!“. Da sagte sie zu einer Mitschwester: „Schwester Meisterin hat starke Schmerzen. Immer, wenn ich klopfe, sagt sie Auweh!“ – Da lachte die Schwester und sagte: „Das heißt nicht Auweh, sondern AVE (Gruß dir)!“

Straße in Wien

Eine Schwester suchte in Wien die „Streußelkuchengasse“ und fragte deshalb einen Schaffner. Dieser blätterte in seinem Wiener Straßenverzeichnis und sagte schließlich: „Es gibt nur eine Strudelhofgasse“. Die Schwester entgegnete: „Das wird schon stimmen, ich weiß nur mehr, dass es der Name einer Mehlspeise war.“

Beim Beichten

Eine Schwester, gestresst von der vielen Arbeit, wollte aber trotzdem die Gelegenheit zur Hl. Beichte nicht vorübergehen lassen und eilte rasch zur Kapelle: es war um die Mittagszeit. Sie beeilte sich sehr und betrat rasch die Sakristei, wo der Beichtstuhl stand, kniete nieder und begann, offensichtlich etwas zerstreut: „Im Namen des Vaters und des Sohnes und des Hl. Geistes. Komm, Herr Jesus, sei unser Gast und segne --.“ Hier stoppte sie, etwas verlegen ob ihres Mißgeschickes. Sie hatte mit dem Tischgebet bei der Beichte begonnen.

Kleine Brüder Jesu

Die Berufung der Kleinen Brüder Jesu besteht darin, mitten in der Welt ein kontemplatives Leben zu führen, so wie Jesus von Nazareth, indem sie das Leben der kleinen Leute solidarisch teilen. Sie möchten dort, wo sie leben, in den Mietwohnungen anonymer Hochhäuser, bei der Arbeit in Werkstätten, Fabriken, Krankenhäusern etc. etwas von der Freundschaft Gottes erahnen lassen. In Österreich gibt es zwei Gruppen von je zwei Brüdern, eine in Wien, eine in St. Pölten.

Gelübde

Ein Bruder begann seine Arbeit in der Motorenabteilung eines Lastwagenwerkes. Als nach etlichen Tagen die Kollegen in einer Jausenpause nach dem Namen fragten und nach dem Familienstand, erzählte er ihnen, dass er einem katholischen Orden angehöre.

Es kommt der erste Zahltag. Fragt ihn der Vorarbeiter: „Du bist doch bei einem Orden, nicht?" „Ja, hab ich doch gesagt."
„Da gehört der Lohn doch gar nicht dir?"
„Da hast Du in gewissem Sinn recht!"
„Na, hör mal! Da kannst Du den Lohn doch gleich mir geben!"
„Ja, aber nur, wenn Du auch Armut, Keuschheit, Gehorsam gelobst...!" Diskussion beendet.

Beichten

Viele der Kleinen Brüder sind Priester, üben ihr Amt aber nur im Rahmen der Gemeinschaft aus. Sie haben auch sonst dieselben Tätigkeiten wie die anderen Brüder. Es kommt aber vor, dass einer in einer Notsituation einmal die Messe in der

Pfarrkirche feiert und dort aushilft. So kommt ein Bruder nach einem solchen Einsatz in die Sakristei zurück; hinter ihm kommt eine Frau nach, die zu beichten wünscht. Der Bruder ist momentan etwas verloren, erspäht aber in einer Ecke der Sakristei die dafür nötige Vorrichtung: einen Sessel für den Priester und einen Betschemel für die Pönitentin. Die Situation ist gerettet. Freundlich bietet der Bruder aber der Frau den Stuhl an, er selbst kniet sich auf den Betstuhl nieder...

Armut

Ein junger Mann, der einen ersten Kontakt zur Gemeinschaft suchte, wurde zum Abendessen eingeladen. Der eine der Brüder hatte ein gutes Eintopfgericht zubereitet. Der Abend verlief in herrlichem Gespräch.

Ein, zwei Jahre später, als der junge Mann sich vorbereitete, das Noviziat zu beginnen, sagte er zu den Brüdern: „Wißt ihr, was mich beim ersten Besuch so beeindruckt hat? Eure Armut!"

„Warum? Wieso?"

„Ich habe ja gesehen, wie ihr die Lorbeerblätter aus dem Eintopf genommen habt, um sie noch einmal zu verwenden."

Was übrigens nicht stimmte.

Noviziatsgeschichten

Das erste Noviziat der Kleinen Brüder seit der Gründung im Jahr 1933 war am Nordrand der algerischen Sahara. Als dort der französisch-algerische Krieg ausbrach, mußten die Brüder fort und fanden in Nordspanien in einer ähnlichen Landschaft ein kleines Dorf, wo dieses Noviziat an die 20 Jahre bestand. Für die Zeiten der Stille und der Exerzitien hatten sich die Brüder in der nahen Sierra Höhlen in den Sandstein gemeißelt.

Die Brüder arbeiteten im Dorf, in der Landwirtschaft

oder auf Baustellen. Einer der Brüder war der Koch. Die wenigsten waren bei der Ankunft des Spanischen mächtig. Es gab zwei kleine Läden im Dorf, die sich dann jeweils auf den neuen Koch einstellten. Da wurde mit Händen, Füßen und mit Zeichensprache geredet, dass es eine Freude war. Das meiste war auch sichtbar im Laden angeordnet, sodaß man nur hinzuzeigen brauchte. Eines Tages suchte der Bruder Koch Sauerkraut. Er hatte im Wörterbuch nachgesehen: „chou croute" stand dort. Aber keine Chance. Da zeigt er der Kauffrau die Stelle im Wörterbuch: „Ach so," plötzlich die Frau, „Sie meinen „Sauerkraut"..."

Ein andermal ging es um Toiletteartikel: Eine Seife, das war leicht zu veranschaulichen, eine Zahnbürste auch. Aber was nun? Die Brüder brauchten Klopapier!

Die Chronik schweigt sich aus, was dann geschah...

In diesem Noviziat gab es zeitweise auch viele Besucher, die die Armut der Brüder bewundern wollten. Wenn der Pfarrer zum Kaffee kam, fragte er immer: „Ist der das 3. oder 4. Mal durchgefiltert worden?"

Eines Tages waren 15 Priesterseminaristen angekündigt. Der Koch hatte ein feines Essen gerichtet. Doch Tage später kam das Gerücht aus der Stadt, wie man bei den Brüdern völle und prasse. Es verging einige Zeit, da kamen dieselben Seminaristen, diesmal unangemeldet... Es waren 25 zu Tisch. Der Koch zerteilte das einzige Hähnchen, das er hatte, in 25 Teile. Fortan verstummten die Gerüchte.

Ein heißer Sommertag. Die Brüder waren auf den Feldern. Ein Bruder war im Haus, im 1. Stock beim Schlafsaal, wo er eine

Dusche nahm. Plötzlich hörte er einen Bus ankommen, Frauenstimmen, Ordensfrauen.

Er meinte, er hätte noch Zeit, sich fertig anzuziehen, aber jene schienen darauf versessen, die Armseligkeit des Schlafsaales sofort zu bewundern. So schnell er konnte, versteckte er sich... ja, wo?... Es gab nur auf einer Stange aufgehängte Jacken und Hosen, dahinter konnte er sich verstecken. Er kroch dahinter. Da waren sie schon im Saale: „Was für eine Armut", meinten die Schwestern, „diese harten Betten!" Ja, seht euch das an, diese Jacken und Hosen, die haben schon Generationen getragen...

Der Bruder dahinter schlotterte, außerdem hatte er Schuhgröße 52, der „Kleine Bruder". Er hat niemals erfahren, ob sie ihn bemerkt hatten oder nicht.

Es war in der dritten Adventwoche. Schon drei Wochen waren die Brüder in der großen Grotte, um sich auf Weihnachten vorzubereiten. Es gab mehr Zeit für Stille oder gemeinsame Lesungen als sonst. Die täglichen Verrichtungen nahmen aber doch auch Zeit in Anspruch. Der Koch hatte an diesem Tag seinen riesigen Kochtopf schon vom Feuer genommen, da der Eintopf bereits fertig gekocht war. Die Brüder saßen schon um einen runden Tisch versammelt. Er stellte den Topf daneben auf den Boden und nahm auch Platz, um der Lesung aus dem Zweiten Buch der Könige zuzuhören. Dort heißt es:

„Als Elischa den Befehl gab: 'Setze den großen Topf auf und koche ein Gericht für die Prophetenjünger' " (2 Kön 4,38), da konnten einige nur mit Mühe das Lachen zurückhalten. Es hieß weiter: „Als die Männer von dem Gericht genossen, schrien sie: 'Der Tod ist im Topf, Mann Gottes!' ". In diesem Moment platzten alle los, der Koch hatte seinen Kochtopf vergessen. In diesem Moment drehte er sich um und steckte prompt mit dem rechten Fuß mitten im Eintopf...

An der Stelle heißt es weiter, was auch befolgt wurde: „Bringt Mehl herbei! Er tat es in den Topf und sagte: Schöpft es den Leuten zum Essen! Da war nichts Schädliches mehr in dem Topf.“ (2 Kön 4,41)

So wurden die Brüder von Elischa belehrt, dass eine gute Einbrenn noch alles retten kann!

Aufklärung

Jemand fragte einmal einen älteren Bruder, wie die Leute in der Nachbarschaft oder die Kollegen am Arbeitsplatz denn reagiert hätten, als sie erfuhren, dass er ledig sei.

„Als ich so um die 25 war, da schoben mir die Kollegen die Sexheftl unter die Nase, da reagierte ich verschnupft.

Als ich so über die 30 Jahre war, da wollten mich die Nachbarn verkuppeln: da hatte ich Mühe ihnen zu erklären, dass ich schon erwachsen sei...

Als ich in die Vierziger kam, da hatte ich alle Mühe, konkrete Vorstöße von Arbeitskolleginnen abzuwehren...

Und jetzt seit ich über 50 bin“, sagte er mit verschmitztem Lächeln, „da finden es alle normal, daß ich nicht verheiratet bin; jetzt frägt mich keiner mehr...“

Benediktinerinnen der Anbetung, Wien

Die Kongregation hat als Hauptaufgabe neben der Eucharistischen Anbetung, der Feier des monastischen Chorgebetes, die Betreuung mehrfachbehinderter Kinder. Die Kongregation wurde 1851 in Bellemagny/Elsass (Frankreich) gegründet. Nach Österreich kamen die ersten Schwestern im Jahr 1903. Derzeit leben 33 Schwestern in der österreichischen Provinz.

Im Garten

Die Gartenschwester gießt in großer Eile die Blumenbeete und ist ganz in ihre Arbeit vertieft – ohne aufzusehen. Eine Schwester kommt vorbei und wundert sich darüber: „Aber Schwester, warum gießen Sie denn? Schauen Sie doch zum Himmel, er ist voll dunkler Wolken.“ Die Schwester darauf: „Eben deshalb beeile ich mich ja so, damit ich noch fertig werde, bevor es zu regnen anfängt.“

Am Muttergottesfest

Die Schwester erklärt den Kindern die Bedeutung des Festes Mariä Unbefleckte Empfängnis. Ein kleiner Bub fragt: „Warum ist eigentlich die Mutter Gottes im Gefängnis?“

Der Tisch

In einem Gastzimmer steht seit Jahren ein kleiner Tisch, immer an der gleichen Stelle. Weil Besuch erwartet wurde, drehte eine Schwester den Tisch in eine andere Richtung.

Kurze Zeit später kommt eine andere Schwester in das Zimmer, sieht, dass der Tisch anders steht, und stellt ihn wieder an seinen alten Platz. Nach einer Weile kommt erneut die erste Schwester ins Gastzimmer, sieht den umgedrehten Tisch und stellt ihn mit einem einzigen Ruck wieder herum. Nach einiger Zeit kommt erneut die zweite Schwester ins Gastzimmer hinein, wirft einen Blick auf den Tisch und stellt ihn wiederum an die altgewohnte Stelle. Diesmal bleibt sie längere Zeit im Gastzimmer und trifft auf die erste Schwester, die hineinkommt und gerade den Tisch wegen des Besuches umstellen will. Die zweite Schwester ist darüber nicht besonders erfreut und sagt: „40 Jahre hat der Tisch so gestanden, und jetzt auf einmal soll er anders stehen, er bleibt so stehen, wie er immer stand!"

Übereifrig

Eine junge Schwester wird mit dem Gruß: „Gelobt sei Jesus Christus!" zur nächtlichen Anbetung geweckt. Noch halb verschlafen kommt die Antwort: „In Ewigkeit, amen!", worauf sie sofort mit einem Satz aus dem Bett springt, sich unverzüglich ein großes Wolltuch um die Schultern schlägt und in die Kapelle läuft. Die vorherige Schwester kann sich über das schnelle Erscheinen der jungen Mitschwester nicht genug wundern. Bei näherem Hinsehen bemerkt sie jedoch, dass diese nicht im Ordenskleid, sondern im Nachthemd zur Anbetung erschienen ist.

Lustige Straßenbahnfahrt

Da eine Schwester zum Nutzen der Gemeinschaft einige Einkäufe machte und sie somit schwer zu tragen hatte, kam ihr der Gedanke, im Kloster anzurufen und ums Abholen mit dem Auto an einer vereinbarten Haltestelle zu bitten. Nachdem sie sich aber schon sehr früh dort eingefunden hatte, dachte sie sich: „Ich möchte meiner Mitschwester die Hälfte der Wegstrecke ersparen und fahre ihr mit der Straßenbahn entgegen. Gesagt – getan. Die Schwester steigt in die Straßenbahn und hält eifrig Ausschau nach dem bekannten Auto. Tatsächlich sieht sie den Wagen ihr entgegenkommen. Schnell steigt sie bei der nächsten Haltestelle aus und fährt den gekommenen Weg zum vereinbarten Treffpunkt wieder zurück. Doch bevor sie dort noch angekommen ist, sieht sie zu ihrem Schrecken, dass das Auto ihr wiederum entgegenfährt. Sofort steigt die Schwester wieder in die nächste Straßenbahn, der Schwester schnell nachzufahren. Doch nach einigen Stationen sieht sie wiederum, wie der Wagen ihr entgegenkommt auf dem Weg zum Treffpunkt. Die Lenkerin konnte die Schwester aber nicht sehen, während diese sie ständig fahren sah und beobachtete, was für sie bald zum Lachen und gleichzeitig zum Weinen war. Und wieder stieg sie aus, um der Mitschwester mit der retourkommenden Straßenbahn schnell entgegenzufahren. Doch sie besann sich eines besseren und blieb bei der Haltestelle stehen, um auf die Mitschwester zu warten, die sie dann auch sofort entdeckte. Ganz erschöpft trafen sich die beiden.

Mit Geduld erreicht man mehr

An einem Tag hatte es eine Schwester besonders eilig. Sie mußte pünktlich zum Klavierunterricht erscheinen. Zum Glück gab es die Möglichkeit, mit zwei verschiedenen Straßenbahnen zu fahren. „Ich nehme die, die zuerst kommt“, sagte sich die Schwester. An der Haltestelle der Linie J angekommen sieht sie, wie auf der gegenüberliegenden Straße die Linie 46 gerade eintrifft. Schnell läuft sie hinüber, doch leider kommt sie einen Augenblick zu spät. In dem Moment fährt auf der anderen Seite die Linie J ein. Schnell läuft sie über die Straße, um diese noch zu erreichen. Doch wieder war es um Sekunden zu spät. Gleich darauf fährt auf der anderen Seite erneut die Linie 46 vor und die Schwester rennt, um sie noch zu erreichen. Doch vergeblich, vor der Nase fährt die Straßenbahn davon. Auf diese Weise fuhren ihr fünf Straßenbahnen davon...

Zisterzienserinnenabtei Mariastern - Gwiggen

Die Abtei führt ihren Ursprung auf die drei im Kanton Thurgau/Schweiz im 13. Jhdt. gegründeten Zisterzienserinnenabteien Kalchrain, Feldbach und Tänikon zurück. Diese drei Schweizer Klöster fielen 1848 der Klosteraufhebung durch den Thurgauischen Großen Rat zum Opfer. Ihr Wille, das monastische Leben weiterzuführen, ließ sie im Ausland Fuß fassen: 1856 erwarben die Konvente von Kalchrain und Feldbach das Schlößchen Gwiggen in Vorarlberg und begannen hier gemeinsam das reguläre Ordensleben. 1869 schlossen sich ihnen die Schwestern aus Tänikon an.

In der monastischen Lebensweise betont Mariastern die kontemplative Ausrichtung. Gebet und Pflege des inneren Lebens werden als erste Berufsaufgabe und wichtigster Dienst an Kirche und Menschheit verstanden.

Die „Jungen" kommen

Sr. Juliana stand im 95. Lebensjahr und nahm aus Altersgründen nicht mehr an den gemeinsamen Mahlzeiten im Refektorium teil. Es war zu anstrengend für sie. Doch an ihrem 95. Geburtstag kam sie zur Feier des Tages zum festlichen Mittagessen des Konvents. Als Seniorin des Klosters saß sie an einem der obersten Tische. Neben ihr kam eine 75-jährige und anschließend eine 70-jährige Schwester zu sitzen. Da meinte sie entrüstet: „Was tun denn die Jungen hier oben?" Sie hatte längst vergessen, dass ihre Altersgenossinnen schon verstorben und die 75-jährigen „Jungen" nachgerückt waren.

Was feiern wir heute?

Am Tag der 70-jährigen Profeß von Sr. Juliana formierte sich im Kreuzgang gerade der Zug zu Beginn des Festgottesdienstes. Sr. Juliana ging neben der Äbtissin, die die Seniorin in die Kirche an ihren Ehrenplatz geleiten sollte. Plötzlich zupfte die Jubilarin ihre Nachbarin am Ärmel: „Mutter Äbtissin“, flüsterte sie, „was feiern wir denn eigentlich heute?“ – „Nur keine Aufregung“, war die Antwort, „Sie bekommen bloß ein Kränzchen, weil Sie schon so lange im Kloster sind.“

Des einen Leid, des anderen Freud

Am 9. November 1896 wurde die Klosterkirche der Zisterzienserinnenabtei geweiht. Die Schwestern bereiteten sich mit großem Eifer auf dieses Fest vor und schmückten die neue Kirche und die Klosteranlage für den festlichen Anlaß. Neben dem damaligen Feldkircher Bischof Johann Zobl und dem Abt der Zisterzienserabtei Mehrerau war auch viel Prominenz aus Diözese und Land eingeladen. Selbstverständlich sorgten sie auch für ein glänzendes Mittagessen mit sieben Gängen, wie es in der Chronik heißt und die mündliche Überlieferung bestätigt.

Die Köchin nahm in der Nacht vorher sogar den Kopfpolster mit in die Küche, weil sie keine Zeit zum Schlaf in ihrer Zelle fand. Um 13 Uhr 30, nach mehr als neun Stunden des Feierns vor und in der Kirche, kam endlich die leibliche Stärkung. Die Gäste äußerten sich voll Bewunderung über den anwesenden Bischof, der trotz seines hohen Alters seine Aufgabe bei der Kirchweihe ohne besondere Beschwerden verrichtet hatte. Beim Mittagessen sagte er freilich nach dem zweiten Gang bescheiden: „Es ist jetzt genug!“ – und damit war nach der damaligen Sitte auch für die anderen Gäste im großen und ganzen das Mahl beendet. Die Enttäuschung der Küche kann man sich vorstellen – doch war die Freude der anderen Schwestern, die für den Rest der Woche die feinsten Speisen verzehrten, auch nicht gering.

Martini gefällig

Von zwei Schwestern, Sr. Angela und Sr. Michaela, wußte man, daß sie zwar kaum Alkohol zu sich nahmen, aber doch gerne den Wermut genossen, den ihnen ihre Verwandten zu seltenen Gelegenheiten schenkten. Die bevorzugte Marke: „Martini". Es war auch noch ein anderes Qualitätsprodukt mit Namen „Martini" unter den Schwestern im Umlauf: die Bücher des Mailänder Kardinals Carlo M. Martini, die von vielen gerne gelesen und meditiert wurden. Nun fügte es sich, daß Sr. Angela bei Sr. Michaela ein neues Buch von Carlo M. Martini gesehen hatte und von Herzen gerne darin ein wenig geblättert hätte. So ging sie kurz entschlossen zu ihrer Mitschwester und bat sie: „Könntest Du mir bitte Deinen Martini borgen?" Darauf Sr. Michaela: „Was, die ganze Flasche?"

Missionsschwestern „Königin der Apostel", Wien

Die Schwesterngemeinschaft wurde 1923 in Wien gegründet. Sie sollte sich vorrangig der Evangelisierung Indiens widmen. Hauptsächliches Einsatzgebiet ist gemäß dem Charisma der Gründer der Subkontinent Indien, wo unsere Schwestern schon in mehr als 85 Niederlassungen tätig sind: – in Bildungsstätten jeglicher Art, im Dienst an Leprakranken und Behinderten, auf dem Gebiet des Gesundheitswesens und im Einsatz für die sozial Schwachen und Benachteiligten. Die Hebung der sozialen Stellung der Frau, vor allem in den Dörfern Nordindiens, sehen die Schwestern als eine ihrer vorrangigen Aufgaben an. Seit 1983 wirken die Schwestern auch auf den Philippinen. Durch die Ostöffnung im Jahre 1989 wurde der Anstoß zur Errichtung einer Niederlassung in Nitra (Slowakei) gegeben.

Nach den Statuten sind die rund 800 Schwestern bereit, Gottes Wort in alle Teile der Welt zu tragen, wo immer Gott eine Tür auftut, um das Mysterium Christi durch sie verkünden zu lassen.

Des Nächtens

Im Krankenhaus mußten einige Schwestern während eines Umbaues in einem großen Zimmer schlafen, welches in der Nähe der Portierloge war. Eines Nachts kamen aus diesem Zimmer laute Hilferufe. Der gewissenhafte Portier verständigte sofort die Polizei, die auch sehr bald kam und feststellte, daß eine Schwester im Traum laut um Hilfe geschrien hatte.

Etwas Ähnliches ereignete sich auch im Mutterhaus. In einem Schlafzimmer im ersten Stock weckte eines Nachts eine

Schwester die anderen auf und sagte ihnen: „Man muß mal nachschauen, es läutet dauernd an der Pforte!“, was sich ebenfalls als Traum herausstellte.

Es war im Mutterhaus in einem Schlafzimmer, dem ein Balkon angeschlossen war. Eine Schwester stand in der Nacht leise auf und ging auf den Balkon, weil sie im Garten Geräusche gehört hatte. Als sie wieder hereinkam, wachten die anderen Schwestern auf und erschraken, als sie die weiße Gestalt im Zimmer stehen sahen. Eine Schwester sprang auf, stand in ihrer ganzen Größe im Bett und schrie vor Angst: Da beruhigte sie die Schwester mit den Worten: „Fürchtet euch nicht, ich bin es!“

Verständigungsschwierigkeiten

An der Hauspforte im Mutterhaus wurde eine Gegensprechanlage installiert, damit sich die Ankommenden anmelden können und damit ihnen von der Pforte aus geöffnet wird. Eine Schwester, die die Anlage bediente, verstand manchmal etwas schlecht. Ein Pater, der öfter zu Besuch kam, wenn er gerade des Weges war, kam wieder einmal vorbei. Als er sich meldete „Pater Petrus,“ verstand die Schwester „Paketpost“ und fragte zurück: „Wieviel Geld bekommen Sie denn?“ Er darauf: „Ich brauch’ kein Geld, ich will nur hinein.“

Ein andermal stand besagte Schwester wie verzweifelt am Hörer: „Ich höre nur immerfort ‚der Kostgänger‘ und ich weiß nicht, wer das ist.“ Es stellte sich heraus, daß es nicht der „Kostgänger“, sondern der „Kunstdünger“ war, der gebracht wurde.

Ähnlich war es, als sich an der Pforte eine „Katharina“ meldete, wie die Schwester meinte und nicht wußte, wer das wohl sei. Da nahm sich eine andere Schwester, die schon länger auf den Besuch eines „Pater Riener“ wartete, der Sache an. Nicht „Katharina“, sondern „Pater Riener“ hatte geläutet.

Besonderes Anliegen

Im Mutterhaus hatten die Schwestern zeitweise einen Hund, einen Wachhund. Einmal ist er entlaufen, und alles Suchen war vergeblich. Da dachte der Hauspriester bei der abendlichen Segensandacht an diese Sorge der Schwestern und verkündete am Schluß der Andacht: „Jetzt beten wir noch ein Vaterunser in einem besonderen Anliegen.“ Er konnte sich kaum des Lachens enthalten und auch die Schwestern hatten Mühe, nicht zu lachen, denn alle wußten, welches Anliegen gemeint war. Was nicht berichtet wurde, ist, ob der Hund gefunden wurde.

Fromme Schwestern

Einige Schwestern, die im Krankenhaus ihren Dienst verrichteten, schliefen in einer kleinen Wohnung. Eines Nachts wachte eine der Schwestern auf, hörte wie eine ihrer Mitschwestern laut das „Gegrüßt seist du, Maria...“ zu beten anfing. Sie betete bis „...und gebenedeit ist die Frucht deines Leibes, Jesus“, dann schwieg sie. Auf einmal setzte eine andere Schwester ein und betete laut das Gebet zu Ende: „Heilige Maria, Mutter Gottes...“ Die Schwester, die zuhörte dachte: „Beten denn beide Schwestern im Traum dasselbe?“

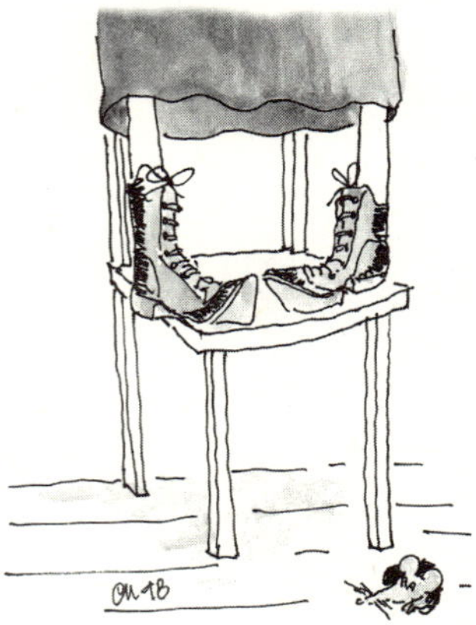

Fromme Maus

In der Mechitharistengasse hatten die Schwestern in der Wohnung einen Gebetsraum, in dem sie die täglichen Gebete verrichteten. Einmal wurden die Schwestern bei der Betrachtung durch eine Maus gestört, die hereinspazierte. Die Schwestern regten sich auf, eine sprang auf den Sessel und schrie laut. Es herrschte ein großes Durcheinander, bis die energische Oberin rief: „Ruhe!“ So mußten die Schwestern in Ruhe weiterbeten, ungeachtet der Maus, die vielleicht mitbetete.

Fromme Hasen

Am Dreikönigsfest ist im Mutterhaus der Schwestern immer die Haussegnung. Der Priester geht mit Weihrauch und Weihwasser durchs Haus und segnet alle Räume. Die Schwestern gehen in Prozession mit und singen Weihnachtslieder. Als die kleine Prozession einmal auf dem Weg von einem Gebäudeteil zum anderen am Hasenstall vorbeikam, stellten sich plötzlich alle Kaninchen kerzengerade auf und ließen sich mit Weihwasser und Weihrauch segnen.

Welche Milchkanne?

Eine Novizin ging einkaufen. Sie sollte einige Liter Milch kaufen und Schuhe abholen, die beim Schuster zur Reparatur waren. Die Schuhe holte sie zuerst, dann im Milchgeschäft die Milch. Allerdings reichte sie der Verkäuferin die Schuhe anstatt der Milchkanne hin. Diese erstaunt: „Was soll ich mit den Schuhen?“ Die Kommentare kann man sich vorstellen...

Kardinal Innitzer

Schöne Stunden erlebten die Schwestern mit Kardinal Innitzer, ihrem Superior, der gerne zu Besuch ins Mutterhaus kam. Er mochte es nicht, festlich empfangen zu werden, sondern kam meist durch Seiteneingänge ins Haus. So erschien er einmal in der Küche. Einige Schwestern eilten gleich herbei, um ihn zu begrüßen. Sie knieten nieder, um gesegnet zu werden. Da kniete er sich mitten unter sie.

Bei seinen Besuchen gab es immer wieder lustige Erlebnisse. Im Winter Schneeballschlachten oder um die Wette Schnee schaufeln. In der warmen Jahreszeit waren es gesellige Abende im Freien mit Musikinstrumenten und Gesang. Er liebte Volkslieder und sang kräftig mit.

An einem Sonntag, an welchem die Schwestern Geisteserneuerung hatten, kam er unerwartet nach dem Mittagessen ins Mutterhaus. Die Pfortenschwester öffnete ihm und teilte ihm mit, daß Geisteserneuerung ist. Da fragte er: „Wo sind die Schwestern jetzt?“ Die Antwort: „Im Bett.“ Am Sonntag hielten die Schwestern meist Mittagsruhe. Seitdem gilt sprichwörtlich, daß Mittagsruhe mit Geisteserneuerung zusammenhängt. Später fragte der Kardinal bei seinem Kommen: „Ist wieder Geisteserneuerung?“

Redemptoristinnen St. Anna, Ried

Das dankbare Gedächtnis der Erlösungstat Gottes durch Jesu Leben, Leiden, Tod und Auferstehung ist das Charisma des „Ordens vom Heiligsten Erlöser". Beseelt vom Geist der Liebe Jesu sollen die Schwestern durch ihr einfaches, kontemplatives Leben in der Zurückgezogenheit eines Klausurklosters die Erlösersendung Christi weiterführen zum Heil der Menschen.
Die Gründung erfolgte im Jahr 1731 in Scala, Süditalien, durch Sr. M. Celeste Crostarosa unter Mithilfe des hl. Alfons Maria von Ligouri. 1852 wurde das Kloster St. Anna in Ried i. I. gegründet. Derzeit leben 16 Schwestern im Rieder Konvent.

Glück gehabt

Sr. M. Jakoba, langjährige Priorin des Konventes, mußte sich einmal zur stationären Behandlung in das Elisabethinenkrankenhaus in Linz begeben. Die Oberin des Hauses besuchte sie am Krankenbett. „Bitte, werfen Sie mich nicht hinaus!" bat Sr. M. Jakoba. Sie bekam zur Antwort: „Bei mir brauchen Sie keine Angst zu haben, ich darf nicht schwer heben!"

„Berufungsgeschichten"

Sehr unterschiedlich sind die einzelnen Wege der Berufung. Eine von den Schwestern fuhr als Hauptschülerin oft mit dem Fahrrad von Aurolzmünster nach Ried zur Klosterschule. Damals konnte man vom Kreisverkehr aus noch den Turm der kleinen St. Anna-Kirche sehen. Heute ist alles verbaut. Sie wußte, daß die Schwestern dieses Klosters in „strenger Klausur“ leben, und dachte bei sich: „Das müssen doch recht besondere Leute sein.“ Zehn Jahre später schloß sie sich selbst diesen „sonderbaren Leuten“ an.

Eine andere Schwester wurde als junges Mädchen von einem Franziskaner angesprochen, ob sie noch nicht daran gedacht habe, ins Kloster zu gehen. Auf ihre Antwort, daß man dazu berufen sein müsse, entgegnete er: „Die Berufung kann man sich auch erbeten.“ Sie erschrak im Innern und dachte: „Der wird doch nicht für mich beten!“ Nach zwei Jahren fühlte sie sich tatsächlich zum geistlichen Stand berufen und trat im Alter von 18 Jahren in St. Anna ein.

Eine von ihnen besah sich während ihres Ringens um die Berufsentscheidung von ferne das Kloster: „Soll ich, oder soll ich nicht eintreten?“ Entschieden sagte sie sich: „Nein, ich laß mich nicht einsperren.“ Später zog es sie aber doch zu den „Gefangenen des Herrn“ (wie Bischof Maximilian Aichern aus Linz die Schwestern einmal nannte). Jetzt ist sie glücklich darüber, „eingesperrt“ zu sein, zumal der Schlüssel ja nicht außen, sondern innen steckt!

„Zieh den Splitter aus deinem eigenen Auge!“

Von 1949 bis 1978 führten die Patres im Kloster St. Anna ein Juvenat für Buben, die in Ried das Gymnasium besuchten, um später eventuell in die Kongregation der Redemptoristen einzutreten. Die Schwestern hatten viel Freude an den „zukünftigen Priestern“.

Es gab aber auch manche Klage vorzubringen: „Die Buben haben heute während der ganzen Messe in der Kirche unter den Bänken mit einem Ball herumgekegelt.“ Dazu sagte der damalige Juvenatsdirektor P. Fischer: „Den Buben kann ich das verzeihen – Ihnen aber nicht, daß Sie vom Chor auf die Leute herabgeschaut haben!“

Hundertfache Frucht

Eine Schwester hatte zur Einkleidung einen jungen Kirschbaum geschenkt bekommen. Er gedieh prächtig im Klostergarten, trug aber nie Früchte. Als ein junger Bursch dem Wirtschafter des Klosters beim Jaucheausfahren half, blieb er an einem kleinen Abhang mit dem Traktor hängen und der ganze Inhalt des Jauchefasses floß an dieser Stelle aus. Das kam dem Kirschbaum zugute. Von da an war er fast jedes Jahr über und über mit Kirschen behangen. Sinnend stand dann die Schwester davor: „Der ist genau so lange hier wie ich. Wenn doch auch ich so reiche Frucht gebracht hätte!"

Ein feierlicher Empfang

Sr. M. Hedwig war die älteste einer kinderreichen schlesischen Familie. Sie wünschte sich – und betete oft darum –, daß doch eines aus der Familie ins Kloster gehen möge. „Aber nicht ich!" war jeweils der Schlußsatz ihres Gebetes. Im Alter von 26 Jahren vernahm ausgerechnet sie den Ruf in ein kontemplatives Kloster. Schlesische Redemptoristen vermittelten den Eintritt in das sehr weit entfernte St. Anna-Kloster. Nach 30-stündiger Bahnfahrt kam sie in Ried an und wurde mit einem Pferdefuhrwerk zum Kloster gebracht. Als sie sich der Pforte näherten, begannen die Glocken am Turm zu läuten – zur nachmittägigen Segensandacht. Später gestand sie, daß sie gemeint hatte, das sei zu ihrem Empfang und es werde bei jedem Neueintritt so gehalten.

Missionsstation

Sr. M. Hedwig bekam die Aufgabe der Pförtnerin übertragen, worüber sich ein Pater aus Schlesien wunderte. „Verstehen dich denn die Leute und verstehst du sie?" – „Ja, sie sprechen so wie ich." Da war ihm klar, daß die „Hiesigen" nach der Schrift sprechen mußten, um von ihr verstanden zu werden. Über 60 Jahre arbeitete die Schwester in diesem Bereich und sie betrachtete diese Aufgabe immer als „ihre Missionsstation“.

Zu Tode gepflegt?

Als die körperlichen Kräfte von Sr. M. Hedwig mit zunehmendem Alter abnahmen, mußte sie bei vielem die Hilfe der Krankenpflegerin beanspruchen. Sie erwies sich für jeden kleinen Dienst als sehr dankbar. Als Angehörige auf Besuch kamen, stellte sie ihnen ihre Betreuerin vor. Sie wollte lobend hervorheben, daß jede kranke Schwester bis zum Sterben ihrer liebevollen Pflege anvertraut sei, drückte sich aber ein bißchen zweideutig aus: „Sie pflegt jede Schwester zu Tode.“

„Die Patientin ist verwirrt!“

Die Schwestern waren sehr aufmerksam und brachten der Kranken verschiedene Bücher zum Lesen, darunter auch eines über antike Ausgrabungen. Als das Mittagessen gebracht wurde, freute sich Sr. M. Jakoba: „Jetzt kann ich etwas vertragen. Ich hab’ heute schon eine ganze Stadt ausgegraben!“ Die Stationsgehilfin ging zur Stationsschwester und sagte: „Bitte kommen Sie! Die Patientin auf Zimmer 5 ist verwirrt!“

Eine gute Idee!

Von Verwandten einer verstorbenen Mitschwester war zu Weihnachten ein Geschenkpaket gekommen. Verschiedenste Dinge waren liebevoll eingepackt. Jede durfte sich etwas nehmen. Eine junge Schwester angelte sich eine Lupe. Die Küchenschwester wollte wissen, wozu sie diese brauche. Eine andere meldete sich: „Weißt du, wenn sie ein kleines Schnitzel bekommt, kann sie es mit der Lupe vergrößern!“

Eine Gebetserhörung?

In den sechziger Jahren erkrankte eine junge Schwester an Multipler Sklerose und wurde mit jedem Jahr bewegungsunfähiger, bis sie schließlich nichts mehr tun konnte außer beten. 10 Jahre war Sr. M. Pia an das Bett gefesselt. Sie war dennoch immer guten Mutes. Die Mitschwestern besuchten sie gerne und trugen ihr manches Gebetsanliegen vor.

Als einmal in der Paramentenschneiderei eine sehr heikle Arbeit bevorstand, bat am Morgen die Schneiderin um ihr besonderes Gebetsgedenken. Am Abend ging sie wieder zur Kranken und fragte, ob sie denn nicht gebetet habe, da sich bei der Näherei große Schwierigkeiten ergeben hätten. „Doch," entgegnete Sr. M. Pia, „ich habe gebetet, daß das Meßkleid schön wird. Ich habe aber auch gesagt: Ein bißchen 'fuchsen' darf es schon." Sie konnte herzlich lachen über die wortwörtliche „Erhörung" ihres Gebetes.

Wer betet „besser"?

Täglich betet man mehrmals im Vaterunser „...dein Wille geschehe," hofft aber, daß der Herr auch den Wünschen der Beterin gelegentlich entgegenkomme, z. B. bezüglich des Wetters. Manchmal dürfte jedoch selbst der allmächtige Vater im Himmel dabei „Probleme" haben: In St. Anna ist es Tradition, daß man die Betten der Gästezimmer im Frühling für einen Tag ins Freie bringt, um sie zu lüften und zu sonnen. Da kann es vorkommen, daß man längere Zeit auf sonniges Wetter warten muß. Man verfolgt mit Interesse die Wettervorhersagen, beobachtet den „Himmel" und gedenkt auch im Gebet dieses Anliegens – während zu gleicher Zeit andere um das fruchtbare Naß von oben beten.

Eines Morgens trat eine Schwester vor die Haustüre, um nach der Sonne auszuschauen. Dabei begegnete ihr die Gartenschwester; die seufzte: „Kein Tröpflein Regen!"

Der Maurer heißt Tischler

Im Zuge der Verbesserung der Lebensqualität für die Schwestern und auch mit einem zukunftsorientierten Blick auf die „Nachkommenden", die jedoch schon längere Zeit auf sich warten ließen, wurden einige Instandhaltungs- und Erneuerungsarbeiten im Schwesternwohnhaus in Angriff genommen. Unter anderem wurde ein großes Zimmer in zwei kleine geteilt; also mußte für das zweite eine Tür eingesetzt werden. Arbeiter hatten die Maueröffnung vorbereitet und den Türsturz eingemauert. Nun erwartete man den Tischler, der einen neuen Türstock anfertigen sollte. Als ein im Kloster bisher unbekannter Mann über den Hof dem Ausgang zueilte, fragte ihn eine Schwester: „Bitte, sind Sie der Tischler?" – „Ja." – „Haben Sie den neuen Türstock abgemessen?" – „Ach so, nein, ich bin Maurer, nicht Tischler. Ich heiße nur so!"

Rekreationsgeschichten

Bei der allgemeinen Rekreation, der gemeinsamen Erholungspause im Konvent, erzählen die Schwestern gerne Heiteres aus vergangener Zeit:

Keine Scheuklappen!

Während des zweiten Weltkrieges wurde das Kloster in Ried beschlagnahmt. Die Schwestern, welche nicht in der klostereigenen Landwirtschaft oder in der Heeresschneiderei beschäftigt waren, mußten das Kloster verlassen und fanden in Oberegg, Oberbayern, Unterschlupf. Eine Schwester hatte dort die Einkäufe und Botengänge zu erledigen. Ihr Onkel wunderte sich, daß sie sich so gut zurechtfand. Ihr Kommentar dazu: „Lieber Onkel, wir Schwestern haben zwar die Stirn verbunden, aber nicht das Hirn." Bei der früheren Ordenstracht war die Stirne mit dem weißen „Stirnband" bedeckt.

„Der Onkel schreit!“

Der Vater von Sr. M. Hedwig hatte noch ein Brüderchen bekommen, als sie selbst schon 10 Jahre alt war. Oft mußte sie das Kind beaufsichtigen. Wenn ihre Spielkameradinnen sie necken wollten, sagten sie: „Gertrud, der Onkel schreit!“ (Gertrud war ihr Taufname.)

Wo gibt es Schutzengel zu kaufen?

Die Oberin des Hauses erklärte einer Angestellten, was in der Stadt einzukaufen wäre. Dann erzählte sie ihr, daß es am nächsten Tag zum Hostienbacken sei. „Bitte, den Schutzengel schicken zum Backen!“ sagte die Schwester Oberin und meinte natürlich damit, sie solle beten, daß es gut gehe. Die Frau überlegte, wo sie in der Stadt das Gewünschte bekommen könnte. In einem Geschäft riet man ihr, zwecks „Back-Schutzengel“ in der Apotheke zu fragen. Aber niemand wußte, was damit gemeint sein könnte. Schließlich kam die gute Seele mit einem Päckchen Rosinen heim.

Eine neue Krankheit

Eine Mitschwester litt als Kind an einer langwierigen Krankheit. Der Arzt bemerkte der Mutter gegenüber, daß auch ein bißchen Einbildung dabei sei. Das Kind hielt diese für eine Krankheit und erzählte der Tante: „Jetzt ist die Einbildung auch noch dazugekommen!“

Notlandung am Mond?

Eine ehemalige Magd der klösterlichen Landwirtschaft durfte nach ihrer Pensionierung im Kloster wohnen. Während der Volksschulzeit hatte sie bereits ihr eigenes Brot verdienen müssen und konnte auch später den versäumten Lehrstoff nicht nachholen. So hatte sie in vielen Belangen ein „beschränktes Weltbild". Als die ersten Astronauten am Mond landeten, fragte sie besorgt: „Ja, was tun die denn, wenn er gerade am Abnehmen ist?"

Sie war sehr wetterfühlig und klagte oft vor Einbruch von Schlechtwetter über starke Rheumaschmerzen. Eines Tages erklärte sie einer Schwester, sie wisse, warum sie am Vortag die Gelenke so arg geschmerzt hätten: „Weil es in Kalifornien geschneit hat!"

Die gute Köchin!

Von Sr. M. Caritas, die aus Tirol gebürtig war, erzählt man sich, daß sie aus einer sehr „witzigen" Familie stammte. Sie war ihr ganzes Klosterleben lang Köchin. Zur Fastenzeit forderte sie die Schwestern auf, gut zu essen, damit sie das Fasten aushalten könnten. An Festzeiten wurde auch im Kloster besser aufgetischt. „Wer gut lebt, stirbt gut!" meinte sie verschmitzt.

Aus ihrer Jugendzeit erzählte sie, daß es ihr kleiner Bruder Toni faustdick hinter den Ohren hatte. Als er bei der Heuernte schon fest zugreifen mußte, bemerkte die Mutter, daß er das liegengebliebene Futter so lässig zusammenheute. „Tu nicht gar so müde!" ermahnte sie ihn. Darauf der Toni: „Meinst du, ich spüre die {weihnachtliche} Mettennacht nicht mehr?"

Am Hof hatten sie eine „Attraktion", nämlich Esel. Einmal kam ein Fremder ins Haus und fragte den Toni, wo der Vater sei. „Der ist im Stall draußen bei den Eseln." Als der Besucher sich schon auf dem Weg dorthin befand, rief der Toni hinterher: „Der mit dem Hut ist es!"

Handwerker waren im Haus. Die Mutter hatte gekocht und lud die Männer ein, fest zuzugreifen. Da bekam der Toni

Angst, zu kurz zu kommen, und murmelte: „Wir haben halt auch noch nicht gegessen."

Als der Toni bereits im Pensionsalter war, besuchte er mit seiner Familie die Schwester im Kloster öfter als in jungen Jahren. Darüber freute sich Sr. M. Caritas wohl, war aber erstaunt über das oftmalige Kommen. „Ja weißt du," erklärte der Spaßvogel, „jetzt könnte es bald zum Erben werden!"

Dominikanerinnen von Ilanz
Albertus-Magnus-Haus, Salzburg

Eine Gemeinschaft, von Dominikanerinnen 1865 in Ilanz (Graubünden) gegründet. Die Schwestern arbeiten heute in der Schweiz, in Österreich, Deutschland, Brasilien und Taiwan. Den alltäglichen Weg suchen sie zu gehen mit Kindern und Erwachsenen, mit Kranken und Betagten, mit Unterdrückten und mit Menschen anderer Kultur und Religion.
Auf dem „Weg nach innen", in Meditation und Gebet, begegnen sie der Kraft, aus der allein ihr Alltag bewältigt werden kann. So entspricht es dem Grundsatz des Dominikanerordens: Das in der Kontemplation Erfahrene an andere weitergeben. In Salzburg leben 14 Schwestern.

Aus dem Altersheim

Ein 90-jähriger Mann kommt an die Pforte - ganz verlegen dreht er seinen Hut und sagt: „Der Apfelstrudel war sooo gut." „Das freut mich", antwortet die Pförtnerin. Darauf der Heimbewohner: „Hm – ich möchte fragen – darf ich ein Stückerl mitnehmen für meine Frau?" Die Pförtnerin geht mit ihm in die Küche und - mit strahlenden Augen wie ein Kind am Bescherungstisch zu Weihnachten – geht er mit dem Päckchen zur Wohnung seiner Frau. Kleine Dinge bewirken oftmals Großes im Herzen.

An einem Sonntag in der Früh wurde die Stationsschwester gerufen. Das war für die Pflegeleiterin an sich nichts besonderes. Doch an diesem Sonntag ging es nicht um einen menschlichen Heimbewohner, sondern um dessen Wellensittich: Der Liebling eines alten Mannes saß armselig auf dem Boden des Vogelkäfigs und japste nach Luft. Noch während dem Vogel Notfalltropfen eingeflößt wurden, kam mit dem Notfallwagen der Tiernotarzt, eine reizende Tierärztin, die bereits von den Angehörigen des Heimbewohners verständigt worden war. Auch sie verordnete dem kranken Vogel Notfalltropfen und frische Luft. Den Vogelbesitzer versuchte sie trösten, weil er so um seinen Liebling bangte. Die Ärztin verabschiedete sich und bedankte sich für die aufmerksame Pflege dieses Herrn und seines Lieblings. Untröstlich war er, als dann der Vogel doch sein Leben lassen mußte. Es wurde ein schöner Platz im Garten für den Vogel gesucht.

Welche Trauer doch ein liebes Tier hervorrufen kann bei einem Menschen, der schon viel im Leben verloren hat, ist an diesem Ereignis allen Beteiligten bewußt geworden.

Heilige Armut

Eine Schwester wurde gleich nach ihren Ewigen Gelübden – mit denen bindet sie sich zeit ihres Lebens an die Ordensgemeinschaft – in eine andere Stadt, wo ihre Gemeinschaft eine Niederlassung hatte, versetzt. Sie verabschiedete sich von ihrer Oberin, bekam den Reisesegen und das Gepäck. Mit frohem Herzen machte sie sich auf den Weg in die große Welt. Am Bahnhof angekommen setzte sie sich gleich in den ersten Personenwagen. Nach der Abfahrt kam auch schon bald der Schaffner: „Die Fahrkarten, bitte." Voller Verwunderung antwortete sie: „Ich habe keine Fahrkarte gelöst; wissen Sie, ich habe gestern die Ewige Profeß abgelegt und das Gelübde der Armut gehört dazu."

Franziskaner

Der Franziskanerorden wurde im 13. Jahrhundert von Franziskus von Assisi gegründet. Anlaß war die Besinnung auf Jesus, der die Armut und Hilfsbedürftigkeit der wenigbemittelten Leute den Begüterten als „Dienst am Nächsten" ans Herz gelegt hatte. Ohne Besitz, der Kirche gehorsam und in Ehelosigkeit lebend: Auf diese drei „Evangelischen Räte" weisen die drei Knoten im Zingulum des Franziskanerhabits hin. Der Orden ist als größter der Kirche in allen Weltteilen verbreitet. In Österreich leben in kleinen Fraternitäten (Brüdergemeinschaften) 200 Franziskaner, die sich den verschiedensten Aufgaben christlicher Gläubigenbetreuung widmen: in Schulen, Pfarren, Wallfahrtszentren, Altenheimen, Drogen- und Obdachlosenheimen, bei Studentenausbildung, Gemeindemissionen und Seelsorge aller Art.

Taschengeld ade

Die Franziskaner P. Martin Schweighofer († 1997) und P. Berard Jäger († 1995) waren Klassenkameraden. Als sie mit 16 Jahren nach der 5. Gymnasialklasse nach gründlichen Exerzitien über die Ordensgelübde Armut, Ehelosigkeit und Gehorsam ins Noviziat in Pupping eingetreten waren, erinnerten sie sich gegenseitig, dass sie ihre paar Schillinge Taschengeld nach dem Willen des heiligen Franziskus nicht mehr besitzen dürften, und warfen sie kurzerhand von der Aschachbrücke in den Bach. Dabei empfanden sie – so berichtete P. Martin später öfters – ein Gefühl des traurigen Abschieds und auch etwas Stolz, auf dem Weg zur Heiligkeit voranzuschreiten.

Der Rindsbraten landete in den falschen Kochtöpfen

Im Benediktinerstift Fiecht war Besuch angesagt. Der Verwalter bestellte 70 Bratenstücke und wunderte sich, daß diese nicht und nicht kamen. Eine Anfrage ergab, daß die Gustostückerln bereits ins Kloster geliefert worden seien. Allerdings ins falsche! Statt zu den Fiechter Benediktinern waren sie zu den Schwazer Franziskanern gebracht worden. Und wurden dort auch gegessen. Bedenken, daß sie den Braten anderer gegessen hätten, hatten die Franziskaner keine. „Fleischspenden“ für die „Schwazer Pater“ gibt es nämlich öfters. Dies mag auch das Geheimnis sein, warum diese „runder“ sind als ihre Fiechter Kollegen.....

Barmherzige Schwestern, Zams, Tirol

Die Barmherzigen Schwestern von Zams sind eine verhältnismäßig kleine autonome Gemeinschaft von 320 Schwestern. Sie wurden vor nahezu 200 Jahren gegründet, um sich der Kranken und Bedürftigen, aber auch der Erziehung und Bildung von Kindern und jungen Menschen anzunehmen.
In ihrer „Spiritualität der helfenden Hände" wissen sich die Schwestern von Zams dem Geist des heiligen Vinzenz von Paul verpflichtet.

Oh, diese Herren!

P. Igo hat Geburtstag. Wie soll er es der Schwesterngemeinschaft mitteilen, ohne aufdringlich zu wirken? So verkündet er zu Beginn der Hl. Messe: „Wir beten auch für meinen Zwillingsbruder, der heute seinen Geburtstag feiert."

Sr. Laura hat für das leibliche Wohl der Geistlichen zu sorgen. Als sie einer einmal scherzhaft fragt, was sie tun würde, wenn sie in die Hölle käme, antwortete sie gelassen: „Geistliche Herren bedienen."

Sr. Kandida war im Lauf vieler Jahre eine Art Hausmutter für das diözesane Priesterseminar geworden. Warum sollte es ihr nicht zustehen, ihre Ordnungswünsche an die Theologen gleichwie die Hausvorstände an die Anschlagtafel zu heften? Einem jungen Theologen erschien das nicht so selbstverständlich, und er schrieb unter ihre Unterschrift:

Sr. Kandida
„Kann die da?"

Worauf sie mit fester Hand antwortete:

„Die da kann!"

Einen etwas hypochondrischen Theologen beschrieb Sr. Kandida so: „Wenn die Grippe erst über die Innbruggn kommt, wartet der arme Bua schon in sei'm Bett auf sie." Von der Innbrücke ins Priesterseminar geht man etwa 10 Minuten.

In kranken Tagen

Grippezeit. Die Betreuerin fragt eine Kranke: „Sr. Leodegard, wie geht's Ihnen heute?" „Ach" haucht diese recht leidend, „heut' geht es. Aber wenn es mir gehen würde, wie es gestern gegangen ist, dann würde es nicht mehr gehen."

Sr. Laura muß ins Krankenhaus. Sie bekommt zur Stärkung ihrer Gesundheit Infusionen. Wieder ins Kloster zurückgekehrt, erzählt sie dankbar: „Die Visionen haben mir wirklich gut getan."

Und einer anderen Schwester wird gesagt, daß sie wohl sicher „Erscheinungsmangel" habe. Gemeint waren aber Mangelerscheinungen.

Bei welcher Krankenkasse sie versichert sei, fragt die Zahnarztassistentin die Schwester. „Bei der ÖVP", kommt es spontan vom Zahnarztstuhl zurück, und recht verwundert fragt die Schwester nach, was da so zu lachen sei. Plötzlich geht ihr ein Licht auf und sie sagt nun selber lachend: „Ach nein, bei der BVA!"

Unvermutete Größe in kleiner Gestalt

Sr. Guido war klein von Gestalt, aber groß in ihren originellen Einfällen. Als eine Schwester sie auf einen erbetenen Dienst länger warten ließ, wagte sie bei der nächsten Begegnung eine freundliche Erinnerung mit den Worten: „Du meine Hoffnung, sei gegrüßt!"

Bei einer Seniorenfeier machte der Bürgermeister Sr. Guido ein Kompliment: „Sie sehen aber jung aus; kein Fältchen im Gesicht.“ Da antwortete sie verschmitzt: „Ich habe meine Falten in der Schürze statt im Gesicht.“

Wenn einem Sr. Guido am späten Nachmittag gelegentlich mit zahnlosem Mund begegnete, erklärte sie entschuldigend: „Wissen Sie, heute war schon Aussetzung, die Einsetzung ist morgen in der Früh.“

Sr. Guido pflegte die Küchenabfälle in den Schweinestall zu tragen. Wenn man ihr auf diesem Weg begegnete, erklärte sie gelegentlich hinter vorgehaltener Hand: „Wissens'S, ich brauche wieder einmal eine Luftveränderung.“

Du liebe Zeit!

Zwei Schwestern haben es auf dem Weg zum Bahnhof sehr eilig, um den Zug noch zu erreichen. Es ist Samstag vor dem Portiunkula-Sonntag. Eine Frau spricht sie an und möchte wissen, ab wann man den Portiunkula-Ablass gewinnen könne. „Entschuldigen Sie“, sagt die eine der beiden Schwestern, ohne stehen zu bleiben, „wir sind nicht von hier.“ „Ich hätte gemeint, das sei überall gleich“, hören sie die Frau noch sagen. Lachen können sie erst im Zug.

Eine Schwester mißtraut dem sehr freundlichen Gruß eines fremdländisch aussehenden Herrn und will einer befürchteten Bitte noch schnell zuvorkommen: „Ich haben nix Geld.“ Er antwortet mit einem gutmütigen Lächeln: „Schwester, Sie können schon deutsch reden, i bin a Kärntner.“

Sr. Alma stand vor der Tür ihres Zimmers und schaute eifrig durchs Schlüsselloch. Eine Schwester, die vorbeiging, fragt sie: „Sr. Alma, tun Sie sich selbst belauschen?“ „Aber nein“, antwortet die Ertappte, „ich wollte nur schnell noch schauen, ob ich das Licht ausgedreht habe."

Inkulturation in Tirol

Montag, Religionsunterricht in der 1. Klasse Volksschule. Die Kinder hatten anscheinend das Sonntagsevangelium noch gut in Erinnerung. Und so erzählten sie von der Versuchung Jesu: „....dann hat der Teufel den Jesus auf einen hohen Berg mitgenommen und ihm die schöne Welt gezeigt. Dann hat er gesagt: Das schenk ich dir alles, wenn du mich anbetest. Hannes bemerkte dazu so nebenbei: „Der Depp, das gehört sowieso alles dem Jesus!"

Auf die Frage der Religionsschwester, was denn Jesus dem Teufel geantwortet habe, kam prompt die Antwort, unterstrichen durch eine entsprechende Handbewegung: „Da hat der Jesus gesagt: „Hau ab, weiche Seide!" Das war seine Übersetzung für: Weiche Satan.

An einem Apostelfest las die Lektorin: „Ihr seid erbaut auf dem Fundamt der Apostel und Propheten" (statt Fundament).

Zisterzienserabtei Stift Wilhering

Das Stift Wilhering wurde von den „Herren von Wilhering" gegründet. Der Überlieferung nach kamen am 30. September 1146 die ersten 12 Mönche als Gründungsgemeinschaft von Rein in Wilhering an. Seit diesem Tag existiert das Kloster Wilhering ununterbrochen, wenn man von den vier Jahren von 1941 - 1945 absieht, als unter nationalsozialistischer Herrschaft die Mönche des Stiftes verwiesen waren und das Vermögen des Klosters aus „staatspolizeilichen Gründen" beschlagnahmt war.
Im Jahr 1998 zählt das Kloster Wilhering 33 Mönche. Fast alle Mönche sind Priester und üben einen „zweiten Beruf" aus: als Seelsorger in den 14 dem Stift anvertrauten Pfarren sowie in Frauenklöstern in Linz und Gmunden, als Lehrer am Stiftsgymnasium und an der Universität Salzburg.

Halten Sie immer die Zehn Gebote?

Anekdoten um Pfarrer Just von Gramastetten

Pfarrvikar Konrad Just war weithin bekannt als Original, als Mann des Volkes mit einer „rauhen Schale". Anekdoten von ihm und über ihn sind in zahllosen Variationen bekannt. Man kann vielfach nicht mehr genau unterscheiden, was wahr oder eben nur gut erfunden ist.

Wenn nun einige Anekdoten erzählt werden, so soll auch erwähnt sein, daß Pfarrvikar Just ein wirklich frommer Priester war, ein guter Seelsorger, der für seinen Glauben und die Kirche jahrelang im Konzentrationslager Dachau gelitten hat, ein großer Marienverehrer, der, um nur ein Beispiel zu nennen, denjenigen oder auch diejenigen niemals genannt hat, die ihn ins KZ gebracht haben; bei allen Unvollkommenheiten ein echt christlicher Mann.

P. Konrad Just, Zisterzienser von Wilhering, wurde 1902 in Hruschau (Schlesien) als Kind einer Eisenbahnerfamilie geboren. 1921 trat er in das Stift Wilhering ein und wurde 1926 zum Priester geweiht. Anschließend trat er sofort seinen Seelsorgsposten in Gramastetten an, zunächst als Kaplan, später als Pfarrvikar. P. Just starb am 22. Oktober 1964 am Altar der Pfarrkirche Gramastetten. Sein letztes Wort war „Maria".

Pfarrer Just war ein begeisterter Traktorfahrer. Alle Besorgungen in Linz erledigte er mit dem Traktor, denn er besaß kein Auto. Einmal ist er in der Stadt bei Rot über die Kreuzung gefahren. Prompt wurde er von einem Polizisten angehalten. Und weil Pfarrer Just bei der Linzer Exekutive bereits bekannt war, sprach ihn der Wachmann auch gleich richtig an: „Herr Pfarrer", sagt er, „warum halten Sie sich nicht an die Verkehrsvorschriften?" Worauf ihm P. Just prompt die Gegenfrage stellte: „Halten Sie immer die Zehn Gebote?"

Diese Anekdote wird noch in einer zweiten Fassung kolportiert - und sie soll ebenfalls wahr sein: Der Pfarrer, der mit seinem Traktor bei Rot über die Kreuzung fährt, wird von einem Polizisten angesprochen: „Herr Pfarrer, warum bleiben Sie bei Rot nicht stehen?!" Darauf P. Just: „Da müßte ich in Linz immer stehen bleiben, denn Linz ist ja Rot".

In der Nachbarspfarre Ottensheim war für den 13. Oktober eine Visitation durch den Bischof angekündigt. Und wie es sich zu solch einem Anlaß gehört, waren die Mitbrüder P. Justs dementsprechend aufgeregt. Er aber sprach ihnen Mut zu: „Seid's doch froh! Der 13. ist doch Fatima-Tag. Und die Muttergottes bändigt alle – auch den Bischof!"

Während der Pfarrer einmal nicht zu Hause war, kam die Feuerbeschau in den Pfarrhof. Hin und hin gab es Beanstandungen. Vieles hätte erneuert gehört. Als der Pfarrer heimkam, erzählte ihm die Wirtschafterin davon, und daß er nun eine Anzeige erhalten werde. Bis 12 Uhr seien aber die Herren noch im Gemeindeamt. Dort könnte er noch mit ihnen reden. Nun hatte der Pfarrer gerade einen Versehgang zu erledigen. Mit dem Allerheiligsten ausgestattet machte er sich auf den Weg und ging im Vorbeigehen auch gleich in die Gemeindestube hinein. „Fünfzehn Mal mußte ich segnen", erzählte der Pfarrer später nach seiner Heimkehr, „dann waren alle auf den Knien." Dann, so wurde berichtet, habe er den Herren von der Feuerbeschau „furchtbar die Meinung gesagt".

Zu den Versehgängen fuhr der Pfarrer im allgemeinen mit dem Traktor. Die Mesner-Kathi mußte dabei, auf dem Kotflügel sitzend, die Laterne halten. Er selbst saß mit dem Allerheiligsten am Steuer und segnete nach links und rechts. Hintennach lief der große Pfarrhof-Hund. Und während der Pfarrer segnend dahinfuhr, rief er dem Hund nach hinten zu: „Gehst hinunter, du Luder!"

Als die Eheaufgebote noch nicht an der Kirchentüre angeschlagen, sondern von der Kanzel herab verlesen wurden, hat Pfarrer Just einmal das Buch mit den Angaben im Pfarrhof vergessen. Also sprach er: „Ich habe das Buch vergessen. Ich habe noch eine Eheankündigung: In den Stand der heiligen Ehe wollen sich begeben der Bräutigam Johann Gruber, Besitzer des Kleingrubergutes in Mühlberg, und die Braut – mir fällt der Name nicht ein - sie stammt da von Leonfelden drinnen. Ihr Vater ist ein guter Züchter, ich habe schon einige Kälber bei ihm gekauft."

Wegen einer offenen Wunde mußte Pfarrer Just einen Fuß bandagieren. Dadurch paßte er in keinen normalen Schuh. So trug der Pfarrer Schuhe, die über den Rist herauf mit einem Reißverschluß zu schließen waren. Durch den einbandagierten Fuß aber ging der Reißverschluß so schwer zu ziehen, daß der Mesner, Matthias Füreder, dem Pfarrer täglich vor der Frühmesse in der Sakristei die Schuhe mit Hilfe einer Zange schließen mußte. Einmal ging dem Pfarrer, während er gerade das Stufengebet betete, der Reißverschluß an dem einen Schuh auf. „Mesner, komm heraus!", rief er daraufhin in Richtung Sakristei, „Mach mir den Reißverschluß zu!" So mußte der Mesner mit der Zange bewaffnet zum Altar hinaus. „Da werden ja die Leut' schau'n, wenn s' das sehen!", versuchte der Mesner die Situation zu retten. „Das geht niemand nix an!", gab ihm der Pfarrer zur Antwort. Und so wurde der Schuh wieder geschlossen.

Pfarrer Just war auch für seine „radikalen Ratschläge" in Sachen Eheberatung bekannt. Einmal beklagte sich eine Frau beim Pfarrer über ihren Mann. Die Stimmung unter den beiden Eheleuten sei nicht mehr harmonisch. Da fragte sie der Pfarrer: „Was ist, drischt Sie Ihr Mann?" Und als die Frau abwehrte und meinte, nein, nein, so arg sei es auch wieder nicht, platzte der Pfarrer heraus. „Das ist eben das Verkehrte! Der soll Sie einmal ordentlich dreschen!"

Mit seiner Köchin lebte P. Just von Zeit zu Zeit „auf Kriegsfuß". Einmal sagte er vor Beginn der Messe zum Mesner, der ihm ein weißes Meßgewand vorbereitet hatte: „Hiasl, ich muß ein anderes Meßkleid nehmen. Die Köchin, das Luder, redet schon drei Wochen nix mit mir. Jetzt muß ich die Messe zum Heiligen Geist nehmen." Und so mußte der Mesner das rote Meßgewand bringen.

Es war zu erwarten, daß Pfarrer Just auch mit dem Nationalsozialismus in Konflikt kam. Er hatte sich schon früher nie ein Blatt vor den Mund genommen, und so auch 1938 nicht. Kurz nach der Hitler'schen Machtergreifung in Österreich erhielt Just „Besuch" von der Gestapo. Das Angebot, möglichst unbemerkt aus Gramastetten weggebracht zu werden, lehnte er strikt ab. „Ich gehe mitten durch den Markt hinunter", sagte er. Es sollten ihn nur möglichst alle sehen. Und, wohl im Bewußtsein, seine geliebten Gramastettner lange nicht mehr zu sehen, erteilte er im Weggehen, flankiert von den Gestapo-Leuten, den Menschen an den Fenstern und in den Hauseingängen seinen priesterlichen Segen.

Pallottiner

Die Idee Vinzenz Pallottis (1795-1850) von der Mitarbeit aller Christen am Auftrag der Kirche ist im Laufe des letzten Jahrhunderts Allgemeingut geworden. Doch zu seinen Lebzeiten war Apostolat das Vorrecht der Bischöfe, Priester und Ordensleute. So mußte es auffallen, dass in der Stadt Rom ein Priester sich für Randgruppen einsetzte, Bildungswerke für Jugendliche gründete, einen Hilfsfonds zur Existenzsicherung kleiner landwirtschaftlicher Betriebe in der Campagna gründete und den Druck religiöser Schriften organisierte.
Zu den Schwerpunkten der Arbeit in Heimat und Mission gehört heute vor allem die Zusammenarbeit mit Laien. So arbeiten sie in überpfarrlicher und regionaler Seelsorge, in verschiedenen Gruppen und Verbänden, in der Erwachsenenbildung, in Dialog-Mission mit Gemeinden und in der Jugendarbeit. Sie führen eigene Schulen mit Internaten und Lehrlingsheimen und unterrichten als Religionslehrer an freien Schulen. Publizistische Tätigkeiten sowie Buchverlage mit eigenen Autoren runden das Tätigkeitsfeld ab.

Rotlauf

Ein Pallotiner-Pater liegt mit Rotlauf im Krankenhaus. Dort trifft er auf eine junge Krankenschwester aus seiner Heimat. Er fragt sie: „Kannst Du mir sagen, was ich für eine Krankheit habe?“ Sie antwortet: „Genau weiß ich es nicht. Aber wenn‘s daheim bei uns die Schweine haben, müssen wir sie notschlachten!“

Welcher Herr?

Ein Mitbruder, der einem Glas Wein nicht abgeneigt war, forderte einmal den Hausrektor auf: „Man müßte eigentlich

bei der Hl. Messe den besten Wein verwenden, den es gibt – darüber freut sich der Herr!"
„Welcher Herr?" fragt der Rektor zurück...

Andere

Schwer erkrankt und mit heftigen Schmerzen wurde oben genannter Mitbruder ins Krankenhaus gebracht. „Am liebsten möchte ich jetzt sterben", klagte er. Eine Krankenschwester entgegnete aber: „Das wird wohl ein ANDERER bestimmen". Mit einem verschmitzten Lächeln brummte der Pater: „Wenigstens e i n e r , der sich auskennt..." Bald darauf entschlief er ganz friedlich.

Ein Kloster-Bruder besucht am Abend einen kranken Mitbruder auf der Seniorenstation. Um 21 Uhr läutet die Glocke, die das große Stillschweigen für die Nacht anmahnt. Der Bruder verabschiedet sich vom Kranken und geht. Doch öffnete er noch einmal die Tür und fragt: „Haben wir auch über alle Mitbrüder geredet?"

Was seid's Ihr für eine Sekte?

Wer in Salzburg lebt, für den ist die Erzabtei St. Peter wohl bekannt, ebenso das Franziskaner- und das Kapuzinerkloster sowie das ehemalige Augustinerkloster Mülln mit dem angeschlossenen Bräustüberl. Dagegen kennt die Pallottiner fast niemand. Ein Lieferant kam zu den Pallottinern auf den Mönchsberg ins Johannes-Schlössl. Nachdem er seine Fracht abgeladen hatte, fragte er: „Und was seid's Ihr für eine Sekte?"

Prämonstratenser-Chorherren
Stift Schlägl

Im äußersten Nordwesten Oberösterreichs, am Fuß des Böhmerwaldes, liegt das Stift Schlägl. 1218 berief Kalhoch von Falkenstein im Auftrag des Bischofs von Passau Prämonstratenser von Osterhofen in Niederbayern und schenkte ihnen Grund und Boden für eine Klostergründung.
Die Prämonstratenser, deren Orden 1121 vom hl. Norbert von Xanten in Prémontré bei Lâon in Frankreich gegründet wurde, leben nach der Regel des hl. Augustinus von Hippo.
Das besondere Anliegen der Ordensgemeinschaft ist die Pflege des gemeinsamen Lebens und des Gottesdienstes. So stehen an erster Stelle das täglich gesungene Chorgebet und die feierlich gestalteten Gottesdienste. Die zweite wichtige Aufgabe ist der seelsorgliche Dienst an den Menschen. Neben der Seelsorge in den 19 Pfarren der Umgebung, die die 44 Mitbrüder des Stiftes zur Zeit betreuen, sind Schuldienst, Wissenschaft, geistliche Begleitung, Krankenseelsorge und die Pflege der Kirchenmusik in der Stiftskirche besondere Anliegen. Ziel ist es, Licht zu sein, Freude zu schenken und einzuladen zum Mitleben in der Klostergemeinschaft.

Zwetschkenknödel

Eines Tages gab es im Stift Schlägl zum Nachtmahl Zwetschkenknödel. Die Herren Florian und Theodor aßen um die Wette. Als alle anderen schon längst fertig waren, aßen die beiden unentwegt immer noch. Schließlich mußte der Abt bremsen. Er griff zur Tischglocke und läutete ab: „Schluß!“

Am nächsten Morgen war Herr Florian beim Abt zum Ministrieren eingeteilt. Und während er dem Prälaten beim

Anlegen der Meßgewänder half, drehte sich dieser einmal um und brummte: „Ist euch eh vergunnt..., eh vergunnt! Aber schamen sollt's euch!"

Den Schluß dieser Anekdote gibt es auch noch in folgender Version: „Is eng eh vagunnt, eh vagunnt, - aber net so dawüdt, so dawüdt toa!"

„San S' froh!"

In den Vierziger Jahren gab es in Schlägl einen sehr eifrigen und beflissenen Novizen namens Siard. Diesem widerfuhr einmal das Mißgeschick, sich zu verschlafen. Als er endlich mit reichlicher Verspätung erwachte, brachte er in fliegender Hast sein Äußeres in Ordnung und schlich geknickt zur Zelle des Novizenmeisters. Zerknirscht klopfte er dort an die Tür, dann an seine Brust und gestand: „Herr Magister, ich bitte vielmals um Entschuldigung, aber ich habe heute die Morgenbetrachtung verschlafen." Herr Gottfried sah kurz von seinem Buche auf und sagte trocken: „San's froh!"

Solange der Bräutigam bei ihnen weilt...

Herrn Siard wurde im Laufe seiner kurvenreichen geistlichen Laufbahn Gastmeister im Stift Schlägl und war somit auch für den täglichen Speisezettel zuständig.

Nun kam wieder einmal der Generalabt des Prämonstratenserordens zur Visitation. In die Visitationszeit fiel auch ein Quatembermittwoch, der in Ordenskreisen als Fasttag gilt. Herr Siard ließ an diesem Fasttag prompt einen fulminanten Schweinsbraten auffahren. Der Abt wurde vor Schreck bleich wie der untergehende Mond, der Generalabt wurde vor Zorn rot wie die aufgehende Sonne: „Wer ist dafür verantwortlich?"

Herr Siard wurde also zum Generalabt zitiert. Aber noch ehe der sein Donnerwetter loslassen konnte, sagte Siard entwaffnend: „Aber ich bitte Sie, können denn die Hochzeitsgäste fasten, solange der Bräutigam bei ihnen weilt?“

Gegen dieses biblische Argument (Mt 9,14f.) war auch der gestrenge Generalabt machtlos.

Fasten ohne Karpfen

Mit dem Fasten gab es in Schlägl anscheinend auch sonst hin und wieder Schwierigkeiten. In der Prämonstratenserregel sind an und für sich pro Woche zwei fleischlose Tage vorgesehen: Dienstag und Freitag. Das Dienstag-Fasten wurde aber sehr locker gehandhabt. Als dies der Generalabt Notts einmal beanstandete, soll Abt Cajetan geantwortet haben: „Ja, wissen Sie, Herr Generalabt, wir können nicht so viel fasten, weil wir zu wenig Karpfen haben!“

Wau, wau...

Einer der Schlägler Herren, ein sehr umfangreicher Herr, fast so breit wie hoch, hat in seinen jungen Jahren ein gesangliches Glanzstück geliefert.

Es war an einem Karfreitag. Die Chorherren hatten sich zum feierlichen Stundengebet in der Kirche versammelt und es erklangen die Klagelieder des Propheten Jeremia, die nach dem hebräischen Alphabet aufgebaut sind: für jeden Buchstaben drei Verse. Der Buchstabe war vor seinen Versen abgestuft zu singen, also beispielsweise: „Ale - e - e - e - eph! Quomodo desolata est civitas Jesusalem ...“ Das ging so lange gut, bis beschriebener Herr dran war. Er hatte den Buchstaben „Waw“ erwischt und sang: „Wau, wau, wau, wau, wau!“

Mit der Andacht war es vorbei.

Das Nilpferd von Öpping

Ebenfalls ein Glanzstück, wenn auch kein gesangliches, war der Pfarrer von Öpping, Herr Ambros, ein Prachtexemplar von einem Bauernpfarrer. Man nannte ihn insgeheim: „Das Nilpferd von Öpping". Als sich nach dem Zweiten Weltkrieg in der Diözese Linz die Betsingmessen immer mehr durchsetzten, trat die Katholische Jugend von Öpping an ihren Pfarrer heran, ob man nicht in Öpping auch die Betsingmesse einführen könne. Herr Ambros hörte sich die Vorschläge an und entschied dann lapidar: „Macht's, was ihr wollt! Nur schnell muß es gehn!"

An den hohen Feiertagen war es in Schlägl der Brauch, daß auch die Herren von den Pfarren nach Möglichkeit ins Stift kamen und dort am Chorgebet und natürlich auch am Festmahl teilnahmen. An so einem Feiertag schnaufte Herr Ambros kurz vor dem Mittagessen in die Sakristei, in der eben die Novizen ihre Chorhemden ablegten.
„Habt's die Non schon bet?"
„Ja, Herr Ambros!" sagten die Novizen.
„Gott sei Dank!" seufzte Herr Ambros zufrieden. (Sonst hätte er nämlich mitbeten müssen.)

Eile mit Weile

Da fuhren einmal zwei Chorherren von Schlägl nach Linz, der temperamentvolle Florian und der langsame Ludolf. Am Steuer saß Herr Ludolf, und er fuhr so gemächlich, daß es Florian nicht mehr aushielt. „Du", sagte er, „ich hab nicht so viel Zeit, ich muß früher in Linz sein. Also, laß mich fahren!"

Nun gut, die beiden Herren tauschten die Plätze, und Florian brauste los. Aber wie das schon so kommt im Leben, nach ein paar Kilometern krachte er mit einem anderen Fahrzeug zusammen. Es gab zwar nur Blechschäden, aber es war ärgerlich. Und während Florian den Schaden besah, klopfte ihm Ludolf auf die Schulter und sagte jovial: „Siehst, hättest doch mich fahren lassen sollen, denn dann wären wir jetzt noch gar nicht da!"

Kalasantiner

Der Orden der Kalasantiner wurde 1889 vom Priester Anton Maria Schwartz für Lehrlinge und Arbeiter gegründet. Er gibt den jungen Arbeitern ein Zuhause, formt sie menschlich und geistlich, kämpft um ihre soziale Besserstellung und führt sie zum Einsatz für Christus. Anton Maria Schwartz wurde beim Papstbesuch 1998 in Wien seliggesprochen. Der Ordensauftrag ist: Evangelisieren, „Sauerteig" sein, die Arbeitswelt prägen und für die Jugend da sein.

Bruder Ignaz

Zur Zeit, als die Kalasantiner noch ein großes Lehrlingsheim in den 50-er Jahren führten, gab es einen Bruder namens Ignaz an der Pforte. Diesem spielten die Lehrlinge viele Streiche, denn er war in seiner Person ein Original, ein alter Knabe und für solche Streiche ein willkommenes Objekt.

Als einmal die Polizei eine Razzia bei Jugendlichen durchführte, wurde auch im Kloster angerufen, ob gewisse Jugendliche zum Heim gehörten. Bruder Ignaz „rächte" sich auf seine Weise und antwortete der Polizei, sie möge sich die Jugendlichen gleich behalten!

Ein anderes Mal - er sprach bei jedem Telefonanruf „Wer ist am Rohr?" – rief Kardinal Innitzer an. Darauf Bruder Ignaz: „Kann jeder sagen" und legte auf.

Kamillianer - Orden der Krankendiener

Der Kamillianerorden wurde vom hl. Kamillus (1550-1614) gegründet. Er ist nach einer bewegten Soldatenlaufbahn als Spätberufener von Gott ganz eigene Wege geführt worden, so dass er die Not des Krankseins und Leidens am eigenen Leib erleben und bei anderen beobachten konnte.
Konkret stehen die meisten Mitglieder der österreichischen Provinz im direkten Dienst der Krankenhausseelsorge. Landesweit arbeiten sie in modernen Formen des Apostolates – hauptberuflich oder als ehrenamtliche Helfer für Behinderte, Blinde, Alte und Leidende aller Art.

Verstehen Sie?

In Pfaffing bei Vöcklamarkt hatten die Kamillianer ein Kloster und Studienhaus für Philosophie, in dem die Kleriker der deutschen, holländischen und österreichischen Provinz studierten. Der Professor für Ontologie, P. Anton Szekely, versuchte die philosophischen „Geheimnisse" zu deuten und zu erklären. Nach so einer Ontologiestunde sagte er: „Meine Herren! Wenn jemand nun meint, er hat etwas verstanden, dann hat er nichts verstanden."

Was alles kostet

Der damalige Superior und Ökonom des Hauses, P. Albert Brucherseifer, war als Ökonom für den Einkauf auch von liturgischen Geräten, wie z. B. der Osterkerze, zuständig. Bei der Predigt am Ostersonntag sagte er deshalb einmal folgendes: „Liebe Gläubige, die Osterkerze ist ein Symbol für Christus - und kostet 140 Schilling."

Im Jahr 1955 wurde das Schloß Losensteinleiten bei Steyr als Heimstätte für Gymnasium und Internat gekauft. Der damalige Provinzial, P. Franz Schwartz, hatte aus diesem Grund immer Geldsorgen. Er verstand es aber auch, immer wieder Wohltäter aufzuspüren. Das war für ihn stets ein Grund, Gott als den Geber alles Guten zu erkennen. Nachdem er wieder einmal von so einer Sorge durch einen edlen Spender befreit worden war, sagte er bei einem Gottesdienst: „Deshalb sagen wir dem Herrgott ein herzliches Vergelt's Gott!“

Zisterzienserabtei Wettingen-Mehrerau, Vorarlberg

Das Zisterzienserkloster Wettingen wurde 1227 im heutigen Kanton Aargau gestiftet. 1841 wurde es von der radikalen Aargauer Regierung aufgehoben. 1854 konnten sich die Mönche in Mehrerau bei Bregenz niederlassen. Mehrerau war ein ehemaliges Benediktinerkloster, das 1806 von der damaligen bayerischen Zwischenregierung aufgehoben wurde.
Heutige Aufgaben sind: Gymnasium mit Internat, Aushilfsseelsorge in vielen Pfarreien des Landes, Seelsorge und Verwaltung im ordenseigenen Sanatorium Mehrerau, Jugendseelsorge, Wallfahrts- und Pfarrseelsorge und seelsorgliche Betreuung von Frauenklöstern.

Gäste und Feste

Es war ein wahrscheinlich schon in der Kindheit im Ötzer Hotel „Kassl“ grundgelegter Wesenszug von Abt Kassian Haid (Abt von 1917-1949), daß er sehr kontaktfreudig war und einen umfangreichen Bekannten- und Freundeskreis hatte. Seine gewinnende Herzlichkeit und Freundlichkeit war wie ein Magnet, der die Menschen anzog und ihm ihre Herzen gewann. Man erzählt, daß schlaue Mitbrüder diese Schwäche ausnützten, indem sie unmittelbar vor der Ankunft hoher Gäste von dem bereits nervösen Abt Erlaubnisse erwirkten, die er sonst nie gegeben hätte.

Der Bekanntheits- und Beliebtheitsgrad von Abt Kassian war wirklich groß. P. Leo Schlegel erzählte eines Tages nach dem Mittagessen, daß die Klosterfrauen von Riedenburg zu ihm gesagt hätten: „Ihr Abt ist ein Heiliger!“ Abt Kassian fragte ihn: „Was haben Sie dazu gesagt?“ P. Leo: „Ich habe sie im guten Glauben belassen.“

Doch nicht nur um vornehme Gäste kümmerte sich der Abt. Wo er konnte, half er auch Armen und Bedürftigen. Er war ein Meister, wenn es galt, kleine Aufmerksamkeiten und Aufmunterungen unbemerkt und diskret als Zeichen der Freundschaft und Dankbarkeit zu schenken.

Mehrerauer Ordensbrüder

Br. Goswin lebt in der Erinnerung fort als freundlicher und verläßlicher Pförtner. Mehr als 60 Jahre lang eilte er fast rund um die Uhr auf jedes Glockenzeichen hin zur Pforte, empfing Gäste und Besucher, gab den Armen das Essen, vermittelte Telefonanrufe und hielt nebenher noch das Hofgärtle schmuck und sauber. Ein Mitbruder fragte ihn einmal, ob er sich immer an die Weisung der Regel halte, nach der der Pförtner bei der Ankunft von Gästen sagen soll „Gott sei Dank!“ Br. Goswin antwortete: „Ich sag's, wenn sie gehen.“

Br. Emmanuel, ein gelernter Landwirt und Förster, leitete mit ungeheurem Einsatz bis zu seinem Tod die große Landwirtschaft des Klosters. Auch bei noch so drängender Arbeitslast blieb er immer ruhig, beherrscht und überlegt. Eine Frau erzählt, daß sie einmal in einer mondhellen Nacht etwas auf dem Rübenacker des Klosters hörte. Sie ging hinüber und fand Br. Emmanuel beim Unkrautharken. Zur Erklärung sagte er nur: „Ich konnte gerade nicht schlafen, da dachte ich mir: Schade um die Zeit, ich geh Rüben harken!“

Zisterzienserabtei Stift Schlierbach

1355 wandelte Eberhard von Wallsee seine Burg in Schlierbach in ein Zisterzienserinnenkloster um, welches allerdings 1560 ausstarb. 1620 wurden Zisterzienser zur Wiederbegründung aus Rein in der Steiermark nach Schlierbach berufen. Seit diesem Zeitpunkt üben die Zisterzienser die Seelsorge in 9 Pfarreien des oberen Kremstales in Oberösterreich aus. Neben der Seelsorge haben sich im Laufe der Zeit noch andere Aufgabenbereiche herauskristallisiert: die Klosterkäserei, eine Glasmalerei, ein Gymnasium sowie ein Bildungszentrum.

Sicher ist sicher

P. Konrad Haydvogel war bis zu seinem Tod durch viele Jahre Pfarrer von Kirchdorf. Er war ein Intellektueller der besonderen Art, von ihm wird der Spruch überliefert: „Seit ich weiß, wie meine Bibliothek zustande gekommen ist, leihe ich keine Bücher mehr her."

Als sein Freund, der Dichter Hans von Hammerstein, in den ersten Weltkrieg ziehen mußte, schenkte ihm der Pfarrer einen Zigarettenspitz. Als Begründung für dieses für einen Priester doch nicht alltägliche Geschenk meinte er: „Ich möchte, daß Du möglichst oft an mich denkst. Bei einem Rosenkranz bin ich mir da nicht so sicher wie beim Zigarettenspitz."

Gut begründet?

Eine Brücke über zwei Jahrhunderte stellte P. Jakob Mühlböck dar. Er wurde 1880 in Zwettl an der Rodl geboren und starb 1973 als bisher ältester Schlierbacher Pater. Seine

Berufung zum Klosterleben begründete er folgendermaßen: Er habe seiner Großmutter, die 1790 geboren war, als Kind einen Kuss verweigert.

Akrobaten

In Kirchdorf wohnten zu dieser Zeit eine Reihe von Adeligen, mit denen der Pfarrer in gutem Kontakt stand, was eine Frau einmal zur Feststellung veranlasste: „Unser Herr Pfarrer predigt nur für die Akrobaten." (Gemeint war: Aristokraten)

Der Messwein fehlt

P. Hermann muß ein recht impulsiver Mann gewesen sein. Als er in einer Kapelle der Pfarre Nußbach zur Messe eingeteilt war, passierte es, daß die Nußbacher Ministranten den Meßwein vergessen hatten. P. Hermann nahm diese Tatsache mit der Bemerkung „Kein Wein, keine Messe!" zur Kenntnis und ging wieder nach Hause.

Ganz anders war da P. Petrus Raukamp, der Begründer der Schlierbacher Glasmalerei. Er war Seelsorger in Oberschlierbach (zu Fuß gut 1 1/2 Stunden vom Stift entfernt: auf der Straße waren es in den fünfziger Jahren sicher mehr als 15 Kilometer). P. Petrus vergaß, vom Stift den Meßwein mitzunehmen; deshalb beauftragte er den Mesner, ein Auto zu organisieren (das damals doch eher eine Seltenheit war), ins Stift zu fahren und den Wein zu holen. Er selber predigte so lange, bis der Meßwein da war.

Der oben erwähnte Mesner, das war der Mooswiesler, übte auf seine Art Widerstand gegen das NS-Regime: Er grüßte mit „Grüß Gott". Daraufhin wurde er belehrt, wie er zu grüßen hätte. Am Ende der Belehrung verabschiedete er sich mit: „Gute Nacht! Das ist das Beste, was ich Ihnen wünschen kann."

Bestien

Mit zwei Damen der Kirchdorfer Gesellschaft machte P. Konrad einen Besuch bei seinem Freund P. Alfons in Kremsmünster. Das Stift Kremsmünster verehrt ja den Martyrer Agapitus, der von Löwen zerrissen wurde, als seinen Hauspatron. Als P. Alfons den Mitbruder mit seiner Begleitung sah, rief er ihm zu: „Ja, Konrad, mit wem kommst denn du heute daher?!" „Ja" antwortete der Angesprochene, „mir geht es wie eurem Agapitus, links und rechts eine Bestie."

Marienschwestern vom Karmel

Die Gemeinschaft der Marienschwestern vom Karmel verbindet als Zweig des Karmelordens Gebet mit caritativ-apostolischer Tätigkeit. Die Schwestern wollen in Schule und Heim ein Stück Wegbegleiter sein, im Kneippkurheim den Menschen wohltun an Leib und Seele, in der Kranken- und Altenpflege Christus selber dienen, in der Paramentenwerkstätte „um die Sache des Herrn besorgt sein", vor Gott dasein, seine Liebe und Gnade an ihnen selber geschehen lassen und somit für den Dienst an den Menschen gerüstet sein. Zur Gemeinschaft gehören derzeit 138 Schwestern.

Fototermin

Indische Schwestern waren zu Gast. Der Tag rückte immer näher, an dem es Abschied nehmen hieß von den lieben indischen Mitschwestern. Ihr größter Wunsch: ein Foto, auf dem alle Schwestern von Erla (eine Niederlassung der Marienschwestern) zu sehen sind.

Es ist keine leichte Sache, 15 Schwestern zur selben Zeit an einen Ort zusammen zu bringen (außer beim Gebet gelingt es selten). Beinahe wäre es der Schwester Oberin gelungen. Es war beim Frühstück (die andere Seltenheit). Sr. Oberin ersuchte alle Schwestern ums Fotografieren, verstand aber zugleich die nicht unbedingt große Begeisterung dafür. Schnell benachrichtigte sie die Fotografin und es gelang, außer einer Schwester, die plötzlich wieder verschwunden war, alle zum Fotografieren aufzustellen: ein Foto, noch eines und dann ein drittes. Geschafft. Sr. Oberin freute sich und dankte Gott mit einem Seufzer der Erleichterung zum Himmel.

Einige Tage später dachte die Oberin daran, den Film ausarbeiten zu lassen. Er war jedoch schon entnommen, oder..., ja doch, der gute Glaube soll siegen. Wie freundlich, hat ihn doch schon eine andere Schwester ausarbeiten lassen. Zur Sicherheit fragte sie, wer denn so nett gewesen war, den Film bereits ausarbeiten zu lassen. Erstaunen in den Gesichtern... Niemand? Eine Schwester bemerkte, daß die Anzeigen eigenartig erschienen. Die Schwestern hatten ohne Film fotografiert. Stille, absolute Stille im Speisesaal, dann Lachen und wieder Lachen.

Ob besagtes Foto später nachgeholt wurde, wird leider nicht mehr berichtet.

„Jetzt bet i no net!“

Mittagessen der Schwestern im Speisezimmer. Sr. Maria Angela kommt etwas später zu Tisch. Deshalb ist sie mit ihrer Mahlzeit noch nicht ganz fertig, als die anderen Schwestern aufbrechen wollen. Die Oberin läutet gerade mit der Glocke und will mit dem Tischgebet beginnen. Da stellt Sr. Maria Angela ruhig, aber sicher, ein wenig schmunzelnd fest: „Jetzt bet i no net!“ Alle lachen und dann wird gebetet.

Kochprüfung

In der Haushaltungsschule Klein Erla wurden Schülerinnen über ihre Kochkünste geprüft:
Sr. Margret: „Woraus macht man einen Knochensud?“
Michi: „Aus Wasser!“
Sr. Margret: „Wie macht man Knödel?“
Karin: „Rund!“

Brett vor dem Hirn

Martina fragt neugierig: „Woraus besteht der weiße Streifen, der auf der Stirn der Schwestern unterm Schleier hervorguckt? Ist er aus Plastik oder Papier oder...“

Sr. Maria Angela antwortet verschmitzt, aber ernst: „Der

besteht aus Holz!“

Martina erstaunt: „So, dann haben die Schwestern sozusagen ein Brett vor dem Hirn.“

Verständigungsschwierigkeiten

In der Küche ist das Eierküberl leer. „Sylvia! Hol uns Eier!“ Sylvia kommt leer zurück und sagt: „Ich habe nirgendwo im Kühlraum Eier gefunden!“ – „Du mußt in den alten Kühlraum gehen!“ Sie geht und kommt zum 2. Mal leer zurück und sagt: „Ich habe den alten Kühlraum nicht gefunden.“

Sie wird nochmals geschickt und kommt zum 3. Mal leer zurück – mit der Antwort: „Sr. Margret hat gesagt, die Oa (Eier) bekommen wir erst zum Abendessen.“

Da wird es Sr. Maria Angela zu bunt. Sie geht selber in den Keller, wo Sr. Margret und der Fleischhauer gerade den frisch geschlachteten Stier zerlegen und einfrieren. Sr. Maria Angela fragt: „Warum habt Ihr der Sylvia keine Eier mitgegeben?“ Sr. Margret und der Fleischhauer antworten. „Ach so, Eier wollte sie. Wir haben verstanden sie will Boa (Knochen vom Stier)!“

Essgewohnheiten

Sr. Hildegard meint: „Ich habe immer Probleme beim Essen der Nachspeise, wenn ein vollständiges Dessertbesteck gedeckt ist.“

Sr. Ehrentrudis: „Aber, das ist doch ganz einfach. Schau her, den Dessertlöffel nimmt man in diejenige Hand, in der man sonst den Suppenlöffel hält, und die Dessertgabel nimmt man in diejenige Hand, in der man sonst die Fleischgabel hält“.

Sr. Hildegard: „Ja, das weiß ich schon, aber ich weiß dann nicht, ob ich den Löffel oder die Gabel in den Mund stecken muß.“

Mutter Michaela, die interessiert den Diskurs mitgehört hat: „Ich würde halt dasjenige Besteck in den Mund stecken, wo etwas zum Essen drauf ist.“

Freundliches Winken

In den Sommerferien, wenn die Schule in Erla leer von Schülerinnen ist, wird sie eine Woche lang von vielen Schwestern besiedelt, die hier Einkehrtage halten. Dazu kommt jedes Jahr auch der Einkehrtagsleiter.

Einmal leitete ein Franziskaner diese Woche. Er wunderte sich über die Freundlichkeit der Menschen hier in Klein Erla, die ihn doch gar nicht kannten. Jeden Tag fuhr ein Auto vorbei, aus dem jemand freundlich winkte, und der Pater winkte natürlich zurück.

Am letzten Tag löste sich das Rätsel. Es war der Jäger, der jeden Tag vorbeifuhr, und sein Hund, der fleißig hinter der Heckscheibe des Autos mit dem Schwanz wedelte.

Haben auch Schwestern Haare?

Anni, die dreijährige Tochte einer praktischen Ärztin, wollte im Kindergarten unbedingt einmal sehen, welche Haare Schwester Gabriele hat.

Als Sr. Gabriele beim Basteln vertieft in ihrer Arbeit war, machte sie sich von hinten an Sr. Gabriele heran und schnitt ihr einfach den Schleier durch. Anni kam dabei aber nicht auf ihre Rechnung, weil Sr. Gabriele noch ein Häubchen trug. Leider nicht gelungen.

Eines Tages hörte die kleine Anni, daß Sr. Gabriele zur Frau Doktor, ihrer Mutter, gehen mußte, Ohren auszuspritzen. An diesem Tag wollte die Kleine nicht in den Kindergarten gehen. Als die Schwester in die Ordination kam, war die Kleine prompt zur Stelle und sie hatte das Glück, Sr. Gabriele ohne Schleier zu sehen.

Stolz erzählte sie, was die anderen nicht wußten, am nächsten Tag im Kindergarten jeder Tante und jedem Kind, was sie gesehen hatte, der ihr nur zuhörte.

Welche Haare Sr. Gabriele hat, wurde sie gefragt. „Ganz schwarze und ein paar weiße sind auch darunter“, so die Antwort.

Benediktinerabtei Seckau

Die Abtei Seckau wurde 1140 als Augustiner-Chorherrenstift gegründet. Bis zur Aufhebung 1782 war sie auch Sitz des Bischofs von Seckau. 1883 kauften die im Kulturkampf aus Deutschland vertriebenen Benediktiner von Beuron das Kloster und besiedelten es neu. Durch die Benediktiner wurde Seckau ein Zentrum der liturgischen Bewegung. Guten Ruf hat auch das Abteigymnasium.

Seelenbohrer

Sehr beliebt, vor allem bei Akademikern, aber auch bei der Jugend, war Pater Laurentius Hora. Er hatte ein großes Geschick, mit Menschen umzugehen. Ohne es mitunter selbst zu merken, hatte man bereits bei ihm gebeichtet, im Zug, beim Spazierengehen usw. Das trug ihm bei den Seckauer Schülern den Spitznamen ein: „Laurin Hora – Seelenbohrer."

P. Benno Roth

Er war Haushistoriker und beliebter Führer in der Basilika, ziemlich beleibt und humorvoll; so wird er beschrieben.

Bei einer Kirchenführung sagte er zu einem großen hageren Herrn: „Wissen Sie den Unterschied zwischen einem Pfeiler und einer Säule?" – „Nun, die Pfeiler sind eckig, so wie Sie, mein Herr. Die Säulen sind ruuuund, so wie ich."

Bei Kirchenführungen erläuterte er öfters: „Wenn ich eine Barockstatue wäre, hätte man mich längst gestohlen."

Einmal machte P. Benno „Urlaub daheim im Kloster". Vorher verkündete er den Mitbrüdern: „Ab morgen bin ich für alle, die mich einspannen wollen, Luft!" – Eine Stimme aus den Reihen der Mitbrüder: „Dann ist aber dicke Luft!"

Anläßlich seines 50-jährigen Priesterjubiläums war P. Benno vier Wochen in seiner Heimat in Sachsen. In dieser Zeit wurden in Seckau einige Szenen für einen Fernsehfilm über den hl. Severin gedreht. Für diesen Film hatte man unter anderem auch einen Esel gesucht. Als P. Benno zurückkam, erzählte ihm eine Seckauerin die Geschehnisse der letzten Zeit. Als sie gerade den Esel erwähnte, sagte der schon etwas schwerhörige P. Benno: „Ich kann doch nicht überall dabei sein!"

P. Benno und P. Franz Sales hatten zur gleichen Zeit je ein Pflaster auf der Stirn. Beim Gottesdienst fiel dies einem Kind auf: „Mama, raufen die Mönche auch?"

Der Täufer

Ein Kind, das in der Seckauer Basilika getauft worden war, kam nach einigen Jahren mit der Mutter wieder einmal nach Seckau. Da begegneten sie dem Pater, der das Kind getauft hatte. Die Mutter sagte zum Kind: „Schau, das ist der Priester, der dich getauft hat." Als dieser dann zu ihnen trat, sagte die Kleine: „Gelt, Mutti, das ist der Priester, der mich geboren hat."

Der Besuch

Abt Athanas Recheis, der fast ein Vierteljahrhundert Pfarrer von Seckau gewesen war, besuchte auch als Abt immer wieder Familien der Pfarre. So kam er wieder einmal in ein Haus. Ein kleines Mädchen lief zur Großmutter und sagte, dass Besuch gekommen sei. Auf die Frage, wer es sei, sagte sie: „Ich weiß es nicht. Er schaut aus wie ein Mann, aber er hat ein Kitterl an."

In einer anderen Familie – es war gerade kurz vor dem Abendessen – sagte der kleine Sohn: „Kannst eh zum Essen da bleiben, wir haben eh noch einen Teller." – Nach dem Essen: „Kannst eh bei uns schlafen, wir haben eh noch ein Bett." Abt Athanas: „Das geht nicht, dann suchen sie mich daheim." – Nach einer kleinen Nachdenkpause wiederum der Bub: „Hast leicht daheim eine Frau?" „Nein." – „Dann sucht dich eh niemand."

Bei den Kelten

Beim Mittagsgebet sorgte Abt Placidus Wolf († 1985) einmal für große Heiterkeit, als er vorbetete: „Weh mir, daß ich als Fremder in Meschech bin und bei den Kelten von Zedar wohnen muß." (statt: bei den „Zelten von Kedar" – Psalm 120,5)

Der wandelnde Leichnam

P. Wolfgang Czernin ist der Großneffe von P. Wolfgang Czernin († 1954) von Beuron. Von ihm hatte er auch den Ordensnamen Wolfgang „geerbt". So mußte er oft Verwechslungen mit dem verstorbenen Großonkel hinnehmen. Während seines Theologiestudiums, als er im Kolleg St. Benedikt in Salzburg wohnte, wurden am Abend, wie es in vielen Klöstern der Brauch ist, die Verstorbenen verlesen, deren Todestag sich jährte. Als nun der Name des Beuroner P. Wolfgang Czernin verlesen wurde, erhob sich lautes Gekicher unter den Studenten, und nachher sagte einer von ihnen: „Da geht er, der wandelnde Leichnam!"

Himmlische Vorbedingung

P. Franz Sales war Katechet in der Volksschule. Bei einer Visitation durch den Dechant fragte dieser in einer 1. Klasse die Kinder, was man alles tun müsse, um in den Himmel zu kommen. Nach allerlei Antworten wie „Beten“, „In die Kirche gehen...“ wollte der Dechant auch auf das Beobachten der 10 Gebote kommen. Er versuchte, die Kinder auf die gewünschte Antwort hinzuführen, indem er sagte: „Die Ze“. Drauf sofort ein Kind: „Die Zähne putzen.“

Schwestern von der hl. Klara - Klarissen, Frastanz

Die Schwestern gehören zur großen Familie der franziskanischen Gemeinschaften und sind ein Zweig des zweiten Ordens, d. h. der Klarissen. 1983 begannen drei Schwestern in Schruns diese Lebensform als Klarissen-Eremitinnen. Klarissen, weil sie ihr Leben nach der Regel der hl. Klara ausrichten. Eremitinnen, weil sie das eremitische Element im franziskanischen Sinn einbauen. Die Schwestern leben in kleinen Gemeinschaften in franziskanischer Einfachheit und ohne Eigentum. Sie führen ein Ordensleben mit den Gelübden der Armut, der Ehelosigkeit und des Gehorsams.
Das kontemplative Kloster ist eine Stätte des Gebetes und der Stille.

Alt und noch älter

Eine Schwester ging nach Schruns zum Arzt. Auf dem Weg dorthin begegnete ihr eine Frau, die staunend vor ihr stehen blieb. Die Schwester grüßte sie, und da brach es aus der Frau heraus: „Was sind denn Sie für eine Schwester und seit wann gibt es Sie?“ Die Schwester versuchte ihr zu sagen, dass sie eine Schwester der hl. Klara sei. Die Ordensgründerin lebte im 12. Jahrhundert. Die Frau staunte noch mehr und sagte: „Da haben Sie sich aber gut gehalten!“

Echt, oder?

Eine andere Schwester ging in der Faschingszeit den Weg entlang, da kamen ihr zwei Mädchen entgegen, berührten die Schwester am Arm und sagten:
„Bist Du echt?“

Ähnliches passierte auch dem Autor bei einem Gasthausbesuch, als mich die Kellnerin ansprach: „Sind Sie echt?“

Benediktinerabtei Stift Admont

Das Kloster Admont wurde im Jahr 1074 von Erzbischof Gebhard von Salzburg gegründet. Besondere Blüte erlangte es im 12. Jahrhundert als eine Hochburg der Hirsauer Reform und im 17. Jahrhundert als ein bedeutendes Zentrum der Gegenreformation in der Obersteiermark. 1865 vernichtete ein verheerender Brand große Teile der Klosteranlage und der Kunstschätze.
Heute sind Admont 26 Pfarren, darunter eine Wallfahrtskirche, seelsorglich anvertraut. Das Kloster unterhält das Stiftsgymnasium mit ca. 730 Schülern. Auf dem Frauenberg wird ein Pflegeheim geführt.
Weitere Tätigkeitsbereiche sind Kulturarbeit und Exerzitien. Der Konvent umfaßt derzeit 30 Mitglieder.

In Gottes Namen fahren wir....

Ein bereits betagter Mitbruder, der immer noch seelsorglich tätig und deshalb auch noch mit seinem Auto unterwegs war, wollte einmal eine etwas weitere Ausfahrt machen. Er bat deshalb einen jungen Kleriker des Klosters, er möge ihn chauffieren.

Schon bei der Abfahrt vom Stift machte der ältere Mitbruder seinen jungen Chauffeur freundlich aufmerksam: „Bitte, fahr‘ ja nicht zu schnell, ich habe heute keine Versehgarnitur mit!“

Derselbe Mitbruder, der erst im Alter von 55 Jahren den Führerschein erworben hatte und deshalb ein nicht besonders sicherer und routinierter Autofahrer war, hatte immer Angst, wenn er auf einer schmalen Straße Gegenverkehr hatte. Einmal fuhr er nach Liezen, und ausgerechnet auf der Ennsbrücke kam ihm auf dem Gehsteig eine Fußgängerin mit ihrem Kinderwagen entgegen. Er wurde äußerst nervös und meinte brummelnd: „Scheußlich, scheußlich, ausgerechnet jetzt muß die daherkommen!“

Führerscheinverlängerung

Alle zwei Jahre mußte ein Mitbruder zum Amtsarzt in die Bezirkshauptmannschaft Liezen, um seinen Führerschein verlängern zu lassen. Nach einiger Zeit war natürlich auch dem Amtsarzt zu Ohren gekommen, daß der liebe Herr Pater ein sicherer Autofahrer war, aber meist nur maximal den dritten Gang einlegte, diesen freilich mit Vollgas fuhr.

Als der Amtsarzt den Herrn Pfarrer freundlich darauf aufmerksam machen wollte, daß er eigentlich ein Verkehrshindernis darstelle, erwiderte dieser schlagfertig: „Aber, was glauben Sie denn überhaupt, durch das Gesäuse kann man doch nicht rasen. Wissen Sie, das ist ja keine Autobahn!“

„Das Leben währt siebzig Jahre...“

Der Beichtvater der Benediktiner von Admont ist traditionellerweise ein Kapuziner vom benachbarten Kloster in Irdning. Ein langjähriger Beichtvater der Gemeinschaft sagte bei der Festrede anläßlich seines 90. Geburtstages: „Wenn ich einmal alt werde, dann wird mir halt doch nichts anderes übrigbleiben, als ins Altersheim zu gehen.“

Heiß geht's her

Früher, als im Stift noch keine Zentralheizung eingebaut war, mußten die Räume mit Holzöfen geheizt werden. Immer, wenn Badetag war, wurde auch der große Badeofen geheizt, um das Wasser zu erhitzen, in dem man dann ein Bad nehmen konnte. Ein Mitbruder, der es besonders gut meinte, entfachte im Badeofen ein richtiges „Höllenfeuer“. Als es aber im Ofen zu zischen und zu dampfen begann und sein erschrockener Blick auf das Thermometer fiel, kam ihm die rettende Idee: Er holte schnell in einer großen Gießkanne kaltes Wasser und goß dieses direkt auf das Thermometer, um es zu kühlen. Später berichtete er stolz: „Wenn ich nicht diese gute Idee gehabt hätte, wäre vielleicht das Schlimmste passiert und der Badeofen explodiert!“

Mehr oder weniger

Ein bereits verstorbener Mitbruder, dem es nie leicht gefallen war, Entscheidungen zu treffen oder Sachverhalte eindeutig festzulegen, schrieb in die Pfarrchronik: „Heute war Zählsonntag. Eigentlich waren mehr weniger Leute in der Kirche. Wenn ich freilich an die anderen Sonntage denke, dann kann ich doch irgendwie zufrieden sein, denn ganz wenige waren nun auch wieder nicht. Trotzdem muß man freilich immer auch sagen: Es hätten noch mehr sein können."

Fraternität der Kleinen Schwestern Jesu

Die Spiritualität der Kleinen Schwestern von Jesus ist verankert in der Bergpredigt und in der Nachfolge von Bruder Charles de Foucauld, der kleiner Bruder aller sein wollte. Also, kleine Schwestern aller: Kleiner und Großer, Reicher und Armer. Ein Weg ohne Lärm in der Einfachheit des gewöhnlichen Lebens. Stundengebet, Messe, Anbetung und stille Betrachtung prägen das spirituelle Leben. Die Gründerin Madeleine Hutin hat die Schwestern gelehrt, die Kirche zu lieben. Es gibt eine Vielzahl stiller Keime, die schön sind und Leben versprechen; man muß lernen, sie zu verstehen. Die Kleinen Schwestern leben mitten unter den Menschen.

Autostop

Wenn immer es möglich ist, fahren die Kleinen Schwestern gerne per Autostop. Das ist eine gute Gelegenheit, Fremde kennenzulernen, die dann im Laufe der Kilometer zu Freunden werden. Manchmal können auch für die anhaltenden Fahrer vorerst entmutigende Situationen entstehen.

So haben die Schwestern schon mit einer Ziege als „Gepäck“ gestoppt!...

Ein anderes Mal – eine Dame bleibt stehen: „Was haben Sie denn da?“, „Einen Bienenstock“, „Um Gottes Willen!“ Das Auto fährt mit quietschenden Reifen fluchtartig weiter. Dabei war der Bienenstock leer.

Jedenfalls, verehrte Leser, wenn Sie manchmal zwei Gestalten – die Kleinen Schwestern sind immer zu zweit beim Stoppen – am Straßenrand stehen sehen, im allgemeinen blau gekleidet, die Schwestern tragen gerne Jeans... manchmal ein Kopftuch, manchmal nichts besonderes auf den Haaren, mit einem Lächeln auf den Lippen, dann denken Sie daran, daß das vielleicht zukünftige Freunde sein könnten.

Ganz einfach

Die Gründerin der Schwesterngemeinschaft, bereits 90 Jahre alt, verbrachte ein paar Wochen mit der Schwesterngemeinschaft. Eines Tages fühlte sie sich schlecht und fiel unter das Waschbecken. Die Schwestern hatten Mühe, sie aus diesem Winkel wieder herauszubringen, und wollten sie auf den Armen in ihr Bett tragen. Sie erwachte, erkannte die Situation, es bereitete ihr Sorgen, zu schwer zu sein oder die Schwestern könnten sich beim Tragen verletzen .

Ganz ruhig bekam sie die Antwort: „Ach woher denn, Du bist nicht viel schwerer als ein Sack Kartoffeln (50 kg).“ Und da liegt sie auch schon auf ihrem Bett, amüsiert über den Vergleich.

Selbstvergessenheit?

Manchmal arbeiten die Schwestern auch mit den Leuten vom Zirkus, entweder in der Nähstube, in der Küche oder als Putzfrau. Eines Tages kommt ein Hilfsarbeiter in die Nähstube. Er ist ungeschickt von Natur aus. Sein Arbeitsanzug ist so zerrissen, daß es fast unmöglich scheint, ihn wieder zu flicken. Aber angesichts der Miene eines reuigen Kindes versucht die Schwester das Unmögliche, um wieder instandzusetzen, was schon mehr einem Lumpen gleicht.

Sturm oder Pech, wer weiß? Der Mann fällt beim Aufbauen vom Zirkuszelt! Rettung, Sirene, Krankenhaus, Koma, Wiederbelebung...

Endlich kehrt er ins Leben zurück und erwacht aus dem Koma. Die Schwester schaut im Krankenhaus nach, wie es ihm geht. Obwohl er noch ganz schwach ist, kommt als erster Satz (in einer Mischung aus Polnisch und Deutsch): „Siehst Du, ich habe wieder zerrissen, was Du so gut geflickt hattest.“

Leichtsinnigkeit

Diese Geschichte möchte ich die Schwester selber erzählen lassen. Man mag über Strafvollzug denken, wie man will. Ich werde selber immer aggressiv, wenn bei Wirtshaustischen und oberflächlichen Gesprächen Märchen erzählt werden, wie schön es die Strafgefangenen in ihren Zellen haben. Natürlich gibt es Unterschiede im Strafvollzug und in den Vollzugsanstalten, jedoch Schlaraffenland ist es sicher keines. Folgendes Beispiel kann auch nicht auf alle Vollzugsanstalten übertragen werden, es ist aber doch ein Beispiel aus heutiger Zeit. Aber lassen wir die Schwester selber erzählen:

Leichtsinnigkeit einer „Schwester vom Land" in der Stadt.... Ich lasse das Auto (ein kleiner Fiat Panda, das Geschenk einer befreundeten Arztfamilie) 10 Minuten an einem Ort stehen, wo es weder Fußgänger noch den Verkehr behindert, nur vergesse ich, einen „Parkschein" zu lösen. Beim Zurückkommen - es war weder ein 13ter noch ein Freitag und im Grunde bin ich sowieso nicht abergläubisch!... auf der Windschutzscheibe ein Strafzettel: öS 300,--.

– Haben wir vergessen zu bezahlen?
– Haben wir damals gerade zu wenig Geld gehabt?
– Oder haben wir schon eine andere Idee im Kopf gehabt?

Eines Tages bringt unser freundlicher Briefträger einen „blauen" Brief. Dieses Mal öS 600,-- und ganz unten der Satz: Wenn Sie nicht bezahlen können... Gefängnis. Das war es, worauf ich gewartet hatte.

Nach einem Jahr Briefwechsel habe ich 7 Stunden Gefängnis bekommen für 10 Minuten Parken.

In jeder organisierten Gemeinde braucht es eine Legislative. Ich war im Unrecht und also gerne bereit, wiedergutzumachen, aber nicht mit Geld... Mit meinem kleinen Rucksack ging ich ins Gefängnis...

Im Eva-Kostüm wurden meine Kleider und mein Körper untersucht.

Trotz der Freundlichkeit des Personals muß ich sagen: diese Arbeit würde ich nicht gerne machen.
So hatte ich dann also das Recht, mit fünf anderen Frauen in einer 6er-Zelle zu sein. Und dort habe ich mich gefragt, warum die Klotür nicht schließt (ich spreche nicht von einem Schlüssel, sondern von einfachem Schutz vor den Blicken), wenn schon der akustische und geruchliche Schutz nicht gegeben ist... Warum kann man diese Türe nicht reparieren?
Warum sind die Wände der Zelle so schmutzig? Ist das ein Teil der Strafe? Ich habe mich gefragt, ob ich diese alte Frau aushalten würde, die ohne Unterbrechung auf und ab geht und Tag und Nacht mit lauter Stimme vor sich hin redet... besonders nachts, wenn die Angst in ihr hochkommt.
Muß man schwache Menschen mit unerträglichen Situationen konfrontieren?
Eine schwangere Frau (24 Jahre alt) bricht andauernd...
Ich habe mich gefragt: Warum kommt kein Arzt, um ihr zu helfen?
Eine andere, schon sehr schwache Frau, macht Hungerstreik, es ist schon der achte Tag, und sie trinkt auch nicht...
Illegal im Land, hofft sie, so schneller freizukommen. Auch wenn es noch so unmenschlich ist, scheint es mir, daß man diesen Leuten das Recht auf Streik lassen muß.
Ich habe mich gefragt: Sind in dem Fall wirklich die Schuldigen im Gefängnis?
Zu Mittag faste ich mit der so mageren Frau. Trotzdem will ich von dem Tee trinken. Meine Tischnachbarin sagt mir: „Trink das nicht..."
Dann habe ich mich gefragt: Warum hat dieser Tee einen Geschmack nach Tabletten?
Je mehr Zeit vergeht, umso mehr steigt das Gemurmel an im Hof, dringt durch die Fenster, die so grau sind, daß selbst schon der graue Tag zögert, hereinzukommen ... also, ich habe mich gefragt:
Gefängnis, kannst du wirklich jemandem helfen? Bist Du die geeignete Lösung, um die Gesellschaft zu schützen?

Als die sieben Stunden vergangen sind, umarmen wir uns. Sie bitten mich, für sie zu beten.
Und ich nehme wieder meinen kleinen Rucksack...
Oh, ihr eingesperrten Frauen, ihr seid in mir, wie ein Leben, das zu bewahren ist...
Eure Ängste werden meine Ängste...
Und oft sind es eure Tränen, die ich weine...
Und ich denke daran, daß Jesus sagt: Ich bin heute im Gefängnis... glaubst du an mich?

Telefon

„Hallo, hier A."
„Kann ich zu euch kommen?"
„Ja, selbstverständlich!"
„Aber mit einer Gruppe von 10 Frauen!?"
„Komm trotzdem..."
Die Freundin und ihre Freundinnen sind da.
Eigentlich möchten sie, daß gemeinsam in der Kapelle mit ihnen gebetet wird. Dort erfahren die Schwestern, daß die Tochter einer der Frauen sich gerade das Leben genommen hat - 21 Jahre alt.
„Herr, du bist der Tröster... Du bist es, der sie trösten kann... gerade dann, wenn wir nicht verstehen..."

Heilig-Kreuz-Karmel, Bärnbach

Der Grundstein für den Heilig-Kreuz-Karmel auf dem Heiligen Berg in Bärnbach wurde am 23. März 1975 gelegt, und bereits am 12. September 1976 konnten die sechs Gründungsschwestern aus dem Karmel Mariazell einziehen.
Das Kloster wurde an einer Stelle erbaut, wo sich schon um 800 v. Chr. eine keltische und dann eine römische Kultstätte befunden hatte und wo heute noch eine kleine Kirche und sechs Kapellen aus der Barockzeit stehen.
Zur Zeit gehören dem Konvent sieben Schwestern mit ewigen Gelübden, eine Schwester mit zeitlichen Gelübden und eine Novizin an.

Charme siegt

Das Kloster in Bärnbach wurde 1975 vom Herz-Marien-Karmel in Mariazell aus gegründet. Der im Mutterkloster empfangene Noviziatsunterricht prägt nachhaltig das ganze Leben. Eine der Schwestern erinnert sich noch gerne an eine Hilfslektion, die ihr der Schäferhund Tasso zusätzlich erteilte: Tasso hat mit Hochgenuß im Gemüsegarten die soeben von der Schwester frisch gesetzten Pflanzen wieder ausgerissen. Treuherzig hört er sich zu ihren Füßen die verdiente Strafpredigt an, der noch ein kräftiger Klaps folgte, und beantwortet das alles damit, dass er der erzürnten Schwester die Pfote hinstreckt. Sie aber schlägt ihn auch noch auf die Pfote. Tasso zieht die Pfote ein und reicht ihr die andere...

Ist etwas für's Kamel da?

Dass manche Leute das Wort Karmel wie Kamel aussprechen und auch so schreiben, war den Schwestern schon von

Mariazell her vertraut. Da kamen sogar Briefe „An das Herz Marien Kamel“, und einmal hat eine Dame an der Pforte jene Ansichtskarte verlangt, „wo das Kamel im Freien liegt“. Die Pfortenschwester hat das wohl belustigt, aber nicht persönlich getroffen, denn das Kamel bezog sich ja in diesen Fällen auf das Haus. Anders in Bärnbach. Wenn eine rote Karte im Postfach lag, mit der beim Schalter etwas abzuholen war, hat das Fräulein, sobald sie die Schwester mit der Karte in der Hand sah, regelmäßig in den hinteren Raum gerufen: „Ist etwas für's Kamel da?“

Gesegneter Schlaf

Eine der Schwestern hat einen gesegneten Schlaf. Selbst wenn der Wecker läutet, kann sie dieses Geräusch mühelos in ihre Träume einbauen oder den Wecker im Schlaf abstellen und selig weiterschlafen. Um diesem Übel abzuhelfen, griff sie zu einer List und stellte den Wecker jeden Abend an eine andere Stelle auf den Boden vor ihr Bett. Da geschah einmal folgendes: Der Wecker läutet. Sie drückt ihn ab. Er läutet weiter. Sie drückt ihn wieder und wieder ab und er läutet immer lauter, sodass sie ihn schließlich nimmt und unter der Bettdecke an sich drückt, damit nicht das ganze Haus aufwacht. Doch der Wecker läutet in unverminderter Lautstärke weiter. Als die Schwester dann endlich hellwach ist, hat sie statt des Weckers den Patschen in der Hand und drückt ihn ans Herz, während der Wecker munter auf dem Boden weiterläutet.

Benediktinerabtei Michaelbeuern

Die Benediktinerabtei Michaelbeuern liegt im Norden des Landes Salzburg, ca. 30 km von der Stadt Salzburg entfernt. Bereits um 736 existierte hier eine Mönchszelle. Nach den Ungarnkriegen kam es unter Pfalzgraf Hartwig I. und den Sighardingern zur Neustiftung der Abtei.
Im Jahr 1835 wurde dem Kloster das ehemalige Augustiner-Eremitenkloster in Salzburg-Mülln übertragen.
Zu den gegenwärtigen Aufgaben der Abtei zählen die Führung einer Hauptschule für 300 Schüler, eines Internates sowie eines Exerzitien- und Bildungshauses. Zudem sind Mönche in fünf Pfarreien in Stadt und Land Salzburg bzw. Oberösterreich als Pfarrseelsorger tätig.

Seltsame „Heilige Familie"

Pater Felix Osendorfer kam als Spätberufener in die Abtei und bewies als Kooperator von Lamprechtshausen sehr viel Liebe zu den Armen, besonders auch zu den Kranken und Sterbenden. Das zeigte sich vor allem 1934 beim „Juliputsch" sowie in der Typhusepidemie 1945. Er konnte in dieser schwierigen Zeit auch den Bau der Kirche für den aufstrebenden Ort vollenden. Bei allen war er beliebt. Unvergessen sind seine humorvollen Aussprüche.

„Wir sind im Pfarrhof die heilige Familie. Pater Augustin, der Pfarrer, ist der heilige Josef, die Köchin ist Maria und ich bin der Esel, auf dem sie herumreiten."

Eine Romreise war damals ein ganz besonderes Erlebnis. Pater Felix sandte aus Rom eine Ansichtskarte. Darauf stand: „Papa Felicem vidit!" Übersetzt: Der Papst hat den Felix gesehen.

Mensch?

Pater Virgil eilt im Habit flotten Schrittes durch die Stadt. Eine junge Mutter im kurzen Minirock geht mit ihrer kleinen Tochter am Gehsteig entlang. Das Mädchen streckt sich, um Mutti beim Minirock zu erreichen, und fragt: „Mami, ist das auch ein Mensch?“ Leider konnte P. Virgil nicht mehr hören, was Mami antwortete.

Der purzelnde Pater

Pater Korbinian Porzelt war ein freundlicher Mitbruder und guter Gesellschafter, dem gerne zugehört wurde. Sowohl in Seewalchen wie in Michaelbeuern bereitete er mit seinen Märchenstücken auf der Bühne Kindern und Eltern viel Freude. 1926 bis 1929 war er Seelsorger der Pfarre Obersulz. Als der Abschied von der Pfarre kam, schickte er seinen Koffer nach Michaelbeuern voraus. Adresse: „Pater Korbinian Porzelt über Wien und Salzburg nach Michaelbeuern“. Natürlich wurde aus dem „O“ im Familiennamen ein „U“ gemacht.

Als er einmal in den Bergen urlaubte, verlangte er am Schalter eine Fahrkarte auf den Pfänder. Der Bahnbeamte belehrte P. Korbinian: „Lieber Pater, das Bähnle is no nit baut.“

Einen Rausch

Pater Berthold wird im ersten Jahr seiner priesterlichen Tätigkeit um vier Uhr früh über die Landesgrenze geholt, um eine Bäuerin „zu versehen“, wie damals die Krankensalbung bezeichnet wurde. Andächtig empfängt die Frau das Sakrament der Buße, die hl. Kommunion sowie die Krankensalbung, im Volksmund auch als „letzte Ölung“ bezeichnet. In diesem Fall war sie das nicht. Die eben mit den Sakramenten gestärkte Bäuerin sagte zu ihrem Mann: „Jetzt gibst ihm ein Trinkgeld.“ Der Bauer reichte dem Pater einen Geldschein, die Bäuerin bemerkt dazu: „So, da saufst dir einen Rausch an!“ Pater Berthold wendet ein: „Das geht doch nicht“ Die Bäuerin meint darauf: „Was tatst denn sonst damit?“ - Jedenfalls erholte sich die gute Seele für noch einige zusätzliche Jahre.

Der unliturgische Gruß

P. Petrus Buchwinkler, im Wesen ein Menschenfreund, ließ in die Pfarr- und Wallfahrtskirche Unserer Lieben Frau zu Salzburg-Mülln eine Lautsprecheranlage einbauen.

Bald darauf, bei einem Sonntagsgottesdienst, kommt lange nach dem Beginn der Messe eine Frau zwischen den Stuhlreihen zu ihrem Stammplatz. Pater Petrus kommentiert die Szene für sich und den Kaplan: „Jetzt kommt die Ratschen schon wieder zu spät.“ Die Warnung des Kaplans, der Lautsprecher sei eingeschaltet, nutzt nichts mehr. Der unliturgische Gruß schwebte schon im heiligen Raum.

Pater Petrus war ein leutseliger Pfarrer, sehr beliebt. Heute noch kommen Menschen der Stadtpfarre Mülln zu seinem Grab in Michaelbeuern – mit Blumen und Lichtern, die wohl alle Schatten des Menschlichen erhellen...

Müllner Bräustüberl

Zum Pfarr- und Klosterbereich von Salzburg-Mülln gehört auch das Augustiner-Bräustüberl, das nach dem Aussterben der Augustiner-Eremiten 1835 mit der Seelsorge für Mülln und Maxglan Michaelbeuern übergeben wurde. Nach der Enteignung und Bombardierung im zweiten Weltkrieg ist Michaelbeuern nicht mehr allein für die beliebte Gaststätte zuständig. Doch wahr ist der Satz: „Regime vergehen, das Bräustübl bleibt bestehen.“

Viel Humor und Lebensweisheit steckt in den alten Wandsprüchen und Bilderrätseln im Bräustüberl. Einige Beispiele:

„Wenn mancher Mann wüßte, wer mancher Mann wär, gäb

mancher Mann manchem Mann manchmal die Ehr'." (um 1890)

„Trinken lernt der Mensch zuerst, viel später erst das Essen, drum soll er auch aus Dankbarkeit aufs Trinken nicht vergessen." (um 1890)

Ein vermeintlich lateinischer Spruch:

AMAS BI ERIS GUAT IN SUMMA – schaut echt lateinisch aus, war urspünglich zu einem Maßkrug geschrieben, heißt also????

„Wer Bier verfälscht und Weine tauft, ist wert, daß er das selber sauft."

Der ehemalige russische Vizekonsul Kosobrodow sagte zum russischen Gesandten aus Wien im Bräustübl: „Sehen Sie: das hier ist gelebter Sozialismus: Hier sitzen Arbeiter, Akademiker, Beamte und Geschäftsleute beisammen, unterhalten sich und gehen gut gelaunt nach Hause. Solche Lokale müßten wir haben in Moskau, Leningrad, überall..."

Abschließend noch ein kleines Gedicht:

„Ja: Hier im altberühmten Stübel
ruht sich von Sorge, Müh und Übel
leicht jeder Zechgenosse aus.
Es schlürft das Frohglück aus dem Becher
in jedem Zug der heitre Zecher.
Nie zieht er ohne Freud nach Haus.
Hopfen und Malz - Gott erhalt's!"

Benediktinerabtei Stift Göttweig

Bischof Altmann von Passau gründete 1083 auf dem Göttweiger Berg ein Kanonikerstift. 1094 wurde es in eine Benediktinerabtei umgewandelt. Von Göttweig aus erfolgten die Besiedlungen von Garsten und Seitenstetten sowie Reformen in St. Lambrecht und Vornbach. 1939 wurde das Stift aufgehoben und enteignet. Das Kloster diente als Flüchtlingslager, als nationalsozialistische Erziehungsanstalt und schließlich als russische Garnison. Abt Hermann Strohsacker konnte zwar in das völlig ausgeplünderte Kloster zurückkehren, aber erst Abt Wilhelm Zedinek (1949-1971) war es gegönnt, das Werk des Wiederaufbaus tatkräftig in die Hände zu nehmen.
Das Benediktinerkloster betreut ein Sängerknabenkonvikt und ist kulturell aktiv. Dem Kloster sind Pfarren in den Diözesen St. Pölten und Wien inkorporiert. Die Mönche arbeiten auch in der Wallfahrtsseelsorge.

In Göttweig lebte in diesem Jahrhundert die Legende eines Abtes, Wilhelm Zedinek. Schon zu seinen Lebzeiten umgab ihn ein Kranz von Anekdoten. Einige seien zum Besten gegeben:

Manche Anekdoten sind von launigen Festen überliefert, etwa von besonders in der Weingegend der Wachau üblichen „Weintaufen“ am Fest des hl. Martin (11. November). Beliebte Sprüche von Abt Zedinek lauteten:

„Tut's mir den Wein net taufen,
laßt ihn ruhig als Heiden laufen.
Nur der Durst soll christlich sein -
so erweist man Ehr' dem Wein.“

„Wenn der Rheinfall ein Weinfall wär,
so wär das mein Fall und wäre trotzdem ein Reinfall.“

Teilnehmer an einer solchen Segnung am Furtherhof, dem Weingut des Stiftes Göttweig, erinnern sich, wie Abt Zedinek die Peinlichkeit löste, als für die Zeremonie weder Weihwasser noch Aspergil (Weihwasserwedel) vorhanden waren. Kurzerhand befahl er, einen „Buschen“ (Zweig eines Buchsbaumes) zu bringen, und er machte mit seinem Segensgebet das herbeigebrachte Glas Wasser zu Weihwasser. „Auf Grund der mir kraft apostolischen Auftrags verliehenen Vollmacht weihe ich dieses Wasser...“

Bei der Verabschiedung als Provisor von Rossatz im Jahr 1927 soll er die Rossatzer Bürger verärgert haben, weil er sagte, daß sich auf dem Kirchturm nicht umsonst zwei Knöpfe befänden – ein Hinweis auf die „zugeknöpfte“ Art der Pfarrangehörigen.

In Rabenstein hielt Abt Zedinek eine Fahrzeugsegnung. Bei der Predigt stellte er fest: „Merkt euch, bei 70 steigt der Christophorus aus!“

Besonderen Eindruck machte auf Abt Wilhelm die Audienz bei Papst Johannes XXIII. während des Äbtekongresses 1959. Entgegen der Gepflogenheit, dass die Äbte bei Kongressen meist im Apostolischen Palast empfangen werden, kam Papst Johannes persönlich nach San Anselmo, dem Sitz des Abtprimas, auf dem Aventin. Soeben hatte man am 24. 9. 1959 Abt Benno Gut aus der Schweizer Abtei Einsiedeln zum neuen Abtprimas gewählt und die Teilnehmer des Äbtekongresses sangen in der Kirche das „Te Deum“, als gemeldet wurde, der Papst sei früher als vorgesehen angekommen und stehe schon vor der Tür. Kurzerhand wurde der Gesang des „Te Deum“ abgebrochen und die Äbte zogen dem Papst entgegen. Papst Johannes XXIII. fragte nach der Zeremonie verschmitzt Abtprimas Benno Gut, wann denn das „Te Deum“ zu Ende gesungen werde, worauf der Abtprimas schlagfertig anwortete: „Das haben sie jetzt schon in Einsiedeln gesungen.“

Im Anschluß daran wurden alle Äbte dem Hl. Vater vorgestellt. Diese Vorstellung nahm der emeritierte Abtprimas vor, weil er wahrscheinlich die Äbte besser kannte als der neugewählte Abtprimas. So stellte dieser auch den „Abt Wilhelm Zedinek von Göttweig in Österreich“ vor. Die beiden - Papst Johannes und Abt Wilhelm - verstanden sich sofort, und nach einer kurzen Unterhaltung sagte der Hl. Vater zu Abt Zedinek, um auf seine Leibesfülle anzuspielen: „Spiritus Domini impinquet te“ („Der Geist des Herrn erfülle dich“, oder „mache dich voll“), worauf der Papst noch in Italienisch hinzufügte: „anche me“ („mich auch“).

Bei einer Sitzung der kirchlichen Aufbauanleihe hatte Abt Zedinek den Eindruck, daß der Vorsitzende jemand begünstige. Deshalb rief er in die Runde - in Anspielung an die sprichwörtliche Parteilichkeit früherer Dorfschullehrer: „Butter und Eier – Einser und Zweier!“

Mitte der Sechziger Jahre kam die Seniorchefin des deutschen Flick-Konzerns mit einer Damenrunde zu Abt Zedinek nach Göttweig auf Besuch. Nach einem Vortrag über den Künstler J. M. Schmidt lud der Abt die Damen zu einer Weinprobe. Dabei verkündete Abt Zedinek: „Jeden Menschen kann man auch mit dem Wein vergleichen.“ Auf die Frage von Frau Flick, für welchen Wein er sie halte, antwortete der Abt: „Trockenbeer-Spätlese.“

Erzbischof Rembert G. Weakland, ehem. Abtprimas der Benediktiner, erinnert sich an folgende Begebenheiten:

Ich erinnere mich noch genau an das schöne majestätische Stiegenhaus in Göttweig. Als wir die Stiege gemeinsam hinaufgingen, sagte Abt Wilhelm zu mir, daß, wenn er eine Attacke von Minderwertigkeitsgefühlen hatte, was, wie er mir versicherte, äußerst selten vorkam, er einfach diese Stiege hochging.

Als ich Abt Wilhelm fragte, wie er es fertigbrachte, genug Mittel aufzutreiben, um das Stift wiederaufbauen zu können, sagte er: „Ach, ich habe viele Freunde – und Freundinnen auch – g'habt“.

Abt Wilhelm war bei der Abtbenediktion von Dr. Norbert Mußbacher, dem ehem. Abt von Lilienfeld, anwesend. Beim Festmahl hielt er eine Ansprache. Diese gipfelte in den Worten: „Damit (mit der Wahl zum Abt) hat man Ihnen ein schweres Kreuz aufgebürdet, das Ihre Vorgänger erdrückt hat.“ Launisch fügte er bei seiner Ansprache hinzu: „Um dem Abt aber eine Freude zu machen, hängt man ihm etwas um (Brustkreuz), setzt man ihm etwas auf (Mitra), steckt man ihm etwas an (Ring) und gibt man ihm etwas in die Hand (Stab).“

Bei einem Pontifikalamt assistierten mehrere Bischöfe und Äbte. Bei einem solchen ist es üblich, daß nur der Hauptzelebrant eine mitra pretiosa – eine kostbare Mitra – trägt, während die anderen Assistenten eine Mitra simplex – eine einfache, meist weiße Mitra – tragen. Abt Wilhelm trug aber eine kostbare Mitra mit Goldornamentik. Als man ihm sagte, daß das doch keine Mitra simplex sei, antwortete er: „Das ist meine Mitra simplex!“

Äbte, die keine Kette, sondern eine schwarze Schnur für das Brustkreuz verwendeten, nannte Abt Wilhelm „Schuhbandlprälaten“.

Bei einer Zusammenkunft von Prälaten, bei der über anstehende Probleme diskutiert wurde und die verschiedensten Ansichten und Vorschläge laut wurden, die Abt Zedinek aber sichtlich nicht taugten: Als man sich müde geredet hatte und eine Gesprächspause entstanden war, gab er seinem Mißfallen mit den Worten Ausdruck: „Jaja! Jeder Mensch hat seinen Vogel! Nur die Prälaten glauben, der ihrige ist der Heilige Geist!“

Als ihn jemand auf seine Leibesfülle anspricht, erwidert Zedinek unbekümmert: „Des macht nix! Nur a Mistviech leibt sich net!"

Bei einer im Göttweiger Stiftskeller stattfindenden privaten Geburtstagsfeier, die Abt Zedinek mit seiner Anwesenheit beehrt hatte, ließ dieser den Gästen als besondere Spezialität einen Wein „Trockenbeer-Spätlese" servieren und erläuterte die Vorzüge dieses Getränks mit einem Vergleich: „Je trockener und je später, desto besser! Des is grad umgekehrt wie bei die Damen!"

Abschließend noch andere Histörchen

Nach einem intensiven abendlichen bzw. nächtlichen Kartenspiel mit seinem oft im Stift weilenden Bruder wurde das mit Bröseln bedeckte Tischtuch beim Fenster ausgeschüttelt. Am nächsten Morgen vermißte der Abt seinen Ring.... und dieser wurde nach intensiver Suche im Hof unten gefunden.

Oder die Tatsache, daß im Stift früher ein tief eingewurzeltes Mißtrauen „gegen die Banken" bestand: So wurde ein großer Geldbetrag, den ein zur Beratung anwesender Wirtschaftsfachmann auf den Bankkonten vermißte, in großer Verlegenheit in bar von dem Aufbewahrungsort unter einer Matratze herbeigeschafft! Sicher ist sicher!

Zisterzienserabtei Stift Heiligenkreuz

Im Jahr 1133 gründete der heilige Babenbergermarkgraf Leopold III. das Zisterzienserkloster Heiligenkreuz im Wienerwald.
Nach der Regel des heiligen Benedikt wollen die Zisterzienser ein klösterliches Leben im Rhythmus von Gebet und Arbeit führen. In Österreich betreuen die Zisterzienserklöster seit der Reform unter Joseph II. (1780-1790) auch Pfarreien: Heiligenkreuz zur Zeit 16.
Im Kloster bemühen sich die Mönche, ein geordnetes klösterliches Leben zu führen, was sich durch ausreichenden Nachwuchs bemerkbar macht. Zur Zeit sind 6 Männer im Noviziat, 2 weitere werden für das tschechische Stift Hohenfurth ausgebildet. 1988 wurde von Heiligenkreuz aus sogar ein neues Kloster im Ruhrgebiet gegründet. Bisher sind schon an die 20 junge Männer über die Neugründung Stiepel (bei Bochum) in Heiligenkreuz eingetreten. Eine der Hauptaufgaben des Klosters ist die Pfarrseelsorge.
Seit 1802 gibt es eine Ordenshochschule, die 1976 zur Philosophisch-Theologischen Hochschule mit Öffentlichkeitsrecht erhoben wurde.
Das Klosterleben in Heiligenkreuz ist vor allem geprägt durch das feierliche Gotteslob im Stundengebet, das nach den alten Melodien des gregorianischen Chorals verrichtet wird.

Es spukt im Kloster

Eines Tages wachte ein Pater mitten in der Nacht mit dem Bedürfnis auf, ein bestimmtes Örtchen aufzusuchen. Von besagter Lokalität lag seine Zelle leider ein schönes Stück entfernt. Kaum war er auf dem dunklen Gang ein paar Schritte gegangen, da hörte er ein schauerliches Kratzen und Quietschen von der anderen Seite des Ganges her. In der Dunkelheit hörte sich das so an, als wäre dort wirklich der Teufel los. Als würden sich die Pforten der Unterwelt in rhythmischen

-BESETZT-
TEUFEL
AM
HÄUSEL!
©M98

Schwingungen immer weiter öffnen, hallte es durch die klösterliche Finsternis. Mit tödlichem Schreck erstarrte der Pater und wagte vor Angst keinen Schritt mehr weiter. Mit dem Teufel wollte er sich nicht anlegen. Er überlegte kurz: „Jetzt ist der Teufel auch noch ins Kloster eingezogen." Aber dann dachte er sich „Der soll mich gernhaben!", kehrte stante pede um und suchte das Örtchen auf der anderen Seite des Ganges auf. Dann legte er sich beruhigt schlafen, während der Teufel weiterhin greulich rumorte. Der Teufelslärm klärte sich aber auf: Ein Pater, der wegen seines hohen Alters schon schlecht auf den Beinen war, mußte auch auf ein gewisses Örtchen. Dabei fiel ihm nichts besseres ein, als einen Sessel vor sich herzuschieben. Und das ergab dann auf dem Steinboden das teuflische Geheul.

Mutter Teresa

Am 15. März 1988 war Mutter Teresa zu Gast, und wir gestalteten in unserer Abteikirche eine rhythmische Messe, zu der wohl mehr als tausend Jugendliche gekommen sind. Ein großartiges Ereignis. Kaum war die Messe zu Ende, gab es ein richtiges Gedränge um die kleine Frau: Alle wollten sie berühren, ihr die Hand geben. Ein junger hochgewachsener Pater mußte regelrecht „Bodygard" spielen und sie durch die euphorische Menge aus der Kirche lotsen. Mit Müh und Not gelang es ihm, die Ordensgründerin in ein bereitstehendes Auto zu bugsieren, da sie gleich wieder nach Wien zurückkehren mußte. Kaum hatte er den Wagen durch die winkende und drängende Menge gelenkt, wurde ihm wieder die große Ehre bewußt, Mutter Teresa chauffieren zu dürfen. So versuchte er verlegen, eine Konversation zu eröffnen: „Heute, am 15. März, ist das Fest des heiligen Klemens Maria Hofbauer. Er ist einer der Patrone von Wien." Kurze Pause, dann die verschmitzte Antwort von Mutter Teresa: „ Jetzt verstehe ich, warum hier so viele junge Leute in der Messe waren..." Sprach's und begann mit den Schwestern den Rosenkranz zu beten.

„Manchmal werden sie auch älter"

Tausende Touristen strömen täglich durch die mittelalterliche Bauanlage von Heiligenkreuz. Die Fremdenführer, welche die Touristenströme durch unser Kloster schleifen, pflegen manch ausgefallene Geschichte über uns Mönche zu erzählen, um so die Aufmerksamkeit ihrer ahnungslosen italienischen, japanischen und amerikanischen Gäste zu fesseln. Eines Tages schilderte ein Führer das Klosterleben im Mittelalter in den schauerlichsten Farben. Seine Ausführungen gipfelten in der Feststellung, daß bei dem grausam harten und entbehrungsreichen Leben damals kaum ein Mönch älter als 30 Jahre wurde. Kaum hatte er dies den staunenden Touristen gesagt, als Pater Hermann, damals rüstige 82 Jahre alt, vorbeispazierte und die Gruppe mit einem Kopfnicken grüßte. Worauf sich der Führer mit einem verlegenen Lächeln an seine Gruppe wandte und entschuldigend sagte: „Heute werden sie manchmal auch schon älter!"

Gefährliches Beten

Die folgende Geschichte hat sich schon vor Zeiten zugetragen, wird aber von älteren Mitbrüdern mit stets neuer Heiterkeit erzählt: Ein Novize hatte sich beim Wandern in der Umgebung des Klosters verspätet. So eilte er flugs mit seinen metallbeschlagenen Bergschuhen zum Chorgebet. Doch ach! Bergschuhe sind zum Wandern, nicht zum Beten! Als er sich im Chor zum Kyrie eleison zurücklehnte, da glitten die heimtückischen Schuhe auf dem Holzparkett des Chorgestühles ab. Mit großem Krach durchschlugen die Füße die vordere Holzwand des Chorgestühls und der Novize saß mit einem Auweh auf seinem Allerwertesten. Da saß der Arme also wie Ijob auf dem Misthaufen und konnte sich nicht einmal befreien, so fest steckten seine Füße. Was blieb dem Abt anderes übrig, als das Gebet abzubrechen, erstens, um das Opfer aus seiner mißlichen Lage zu retten, zweitens, weil eine Fortsetzung des Gebetes ohnehin nicht mehr sinnvoll schien - wegen der unter den übrigen Mönchen ausgebrochenen Heiterkeit.

Brunnen lebendigen Wassers

Bei einer Führung durch das Brunnenhaus erklärte ein junger Pater den staunenden Gästen mit Begeisterung: „Und aus diesem Brunnen trinken wir schon seit 800 Jahren!"

Klösterliche Akrobatik

Unsere Konventfassade war einmal zwecks Restaurierung eingerüstet, als sich folgendes Ereignis zugetragen hat. Pater Heinrich und Pater Alberich Philipp, beide schon im vorgerückten Alter, weit über siebzig, waren Zimmernachbarn und wohnten im ersten Stock. Die Fassade war, wie gesagt, eingerüstet. Als der Wind die Nylonplane, die zum Schutz des Fensters bei den Maurerarbeiten angebracht war, losgerissen hatte, schwang sich Pater Alberich Philipp entschlossen aus dem Fenster, um das Nylon vom Gerüst aus festzumachen. So turnte er eine Weile in luftiger Höhe, aber die Befestigung des Plastikschutzes wollte nicht gelingen. Was tun? Da kletterte Pater Alberich Philipp einfach auf dem Gerüst weiter zu seinem Nachbarn Pater Heinrich und klopfte an das Fenster. Pater Heinrich, der schon schlecht sah, erschrak zu Tode, weil es im ersten Stock recht selten ans Fenster klopfte. Und wie staunte er, als er das Fenster aufriß und dort der rüstige Greis Pater Alberich Philipp schwankend dastand und ganz selbstverständlich mit freundlicher Miene bat: „Ach, könntest du mir bitte ein paar Reissnägel borgen!" Das war denn doch zuviel für Pater Heinrich, der vor Schreck nur noch rufen konnte: „Spinnst, Alberich Philipp, spinnst!?" Die Reissnägel hat ersterer aber dann doch erhalten und die Geschichte von den akrobatischen Übungen unseres Pater Alberich Philipp ist in die Hauschronik eingegangen.

Klo zertrümmert

Die kleine Pfarre Sulz wurde in den letzten Jahren wegen ihrer heimeligen Kirche, erbaut 1783 von jenem Philipp Schlucker, der als „armer Schlucker“ sprichwörtlich wurde, besonders häufig von Tauf- und Hochzeitsgesellschaften aus Wien und der ganzen Umgebung frequentiert. Was den Pfarrer manchmal ganz schön ins Schwitzen bringen konnte. Samstag, 13. Juni 1998, so berichtet die Pfarrchronik, war besonders chaotisch. Zwischen einem Begräbnis und einer Taufe - es standen noch zwei weitere an, dann der Firmunterricht, dann die Abendmesse – mußte der Pfarrer P. Karl schnell aufs Klo. Die Zeit war knapp bemessen – wollte er doch eiligst von der „gewissen Örtlichkeit“ weg –, da klemmte das Schloß der Klotüre und war einfach nicht aufzukriegen! Blieb dem Pfarrer nichts anderes übrig, als die Türe mit einem Vorschlaghammer zu zertrümmern, den man dem Gefangenen durch ein kleines Fensterchen reichen konnte. Ein Unglück kommt selten allein: Beim letzten Schlag löste sich der Hammer vom Stiel, schoß nach hinten und zertrümmerte auch noch die Klomuschel. Welch ein Anblick bot sich den Ministranten, als die Tür krachend zersprang, dahinter die zerborstene Klomuschel lag und der Pfarrer mit dem schweren Hammer in der Hand aus seinem Gefängnis stürzte. Nach dieser dramatischen Selbstbefreiung kam er gerade noch zeitgerecht zur Taufe. Leider hatte er in der Panik die liturgischen Bücher vergessen, sodaß er auch noch die Texte aus dem Gedächtnis ohne Vorlage beten mußte. Schwer war es nur, die Taufe so zu halten, dass die Leute von dem Chaos nichts merkten!

Die Geschichte endete dann doch noch gütlich: Gleich nach der Vorabendmesse - solche Ereignisse gehen wie ein Lauffeuer durch die Gemeinde – meldete sich eine Gönnerin zur Bezahlung der Klomuschel und die zertrümmerte Tür wurde vom Stift Heiligenkreuz ersetzt. Trotz frei formulierter Texte war die Taufe auch gültig.

Die Bedeutung des Ordenskleides

In der Nähe von Heiligenkreuz gibt es mehrere Niederlassungen von Ordensschwestern. Aus einem dieser Klöster, wo die Schwestern einen Kindergarten betreuen, wurde mir folgendes erzählt: Eines Abends fürchtete sich ein Kindergartenkind schrecklich vor dem Einschlafen; es wollte keine Ruhe geben. Schließlich sagte die Schwester: „Wenn du dich sehr fürchtest in der Nacht, dann darfst du in mein Zimmer kommen und bei mir im Bett schlafen!" Am nächsten Morgen freute sich die geistliche Schwester, weil das Kind ohne jede Störung in seinem eigenen Bettchen geschlafen hatte. „Bist du aber brav! Ganz allein hast du in deinem Bett geschlafen und bist gar nicht zu mir gekommen!" Worauf das Kind mit großen Augen antwortete: „Aber nein, ich war ja in deinem Zimmer, aber du bist an der Wand gehängt und in deinem Bett hat eine alte Frau geschlafen!"

Missionskongregation der Dienerinnen des Heiligen Geistes, St. Koloman - Kloster, Stockerau

Die Gründung der Missionskongregation erfolgte 1889 in Steyl, Niederlande. Zum Provinzhaus St. Koloman, gegründet 1912, gehören derzeit 223 Schwestern. Der Aufgabenbereich der Schwestern ist missionarische Bewußtseinsbildung, Ausbildung für Missionsschwestern, Berufungspastoral, Glaubenshilfe und Glaubensvertiefung, Exerzitien, Besinnungstage, Hilfen zur Orientierung und Sinnfindung im Leben, Erziehung in Kindergarten, Schule, Hort, Heim, Krankendienst, Krankenpflege, Altenbetreuung, Krankenhauspastoral und der Dienst an Leidenden und Hilfsbedürftigen.

Klostereintritt

Im März 1938 um halb neun Uhr abends stieg Sr. Valentilde in ihrer Heimat in den Zug nach Wien. Die Züge von Ungarn nach Österreich gingen damals noch nicht so regelmäßig wie heute. Die zukünftige Schwester war sehr müde, weil sie oft bis spät in die Nacht an ihrer Aussteuer genäht hatte, die sie nach Stockerau mitnehmen wollte. Es kam der Schaffner und sie bat ihn, er möge sie wecken, wenn sie in Wien ankämen. Sie dachte überhaupt nicht an die Paßkontrollen und an die Schwierigkeiten einer Reise nach Österreich. Sie saß beim Fenster, lehnte sich zurück, deckte ihren Kopf mit dem Mantel zu und schlief sofort ein. Plötzlich wurde sie wach und schaute sich um. Es war alles so fremd und sie fragte sich, ob sie nicht eigentlich längst schon in Wien sein müßte. Da kam gerade der Schaffner herein und sie fragte ihn:

„Herr Schaffner, sind wir immer noch nicht in Wien?“ Er starrte sie an, blieb wie angewurzelt stehen und sagte : „Mein Gott, sind Sie immer noch da?“ Sie fragte ihn noch einmal, ob sie noch nicht in Wien wären. Er antwortete: „Mein liebes Fräulein, wir sind schon bald zum zweiten Mal in Wien.“ So fuhr sie ohne Paßkontrolle und ohne sonstige Kontrollen, was damals praktisch undenkbar war, zweimal über die Grenze. Sie hatte somit von 21 Uhr abends bis 16 Uhr des nächsten Tages geschlafen.

Im Kloster in Wien hatten sie auf die Kandidatin gewartet, aber sie kam nicht. Als sie letztendlich doch in Wien im Kloster ankam, sagte ihr die Schwester: „Wir haben Sie gestern erwartet. Wir glaubten schon, Sie kämen nicht mehr.“

Die zwei Waschmaschinen

Eines Tages fiel in der Waschküche eine von den zwei großen Waschmaschinen aus und mußte ersetzt werden. Nach Überlegung und Beratung kam man zu dem Entschluss, auch gleich die zweite Waschmaschine auszutauschen. Als die beiden Schwestern in der Waschküche davon erfuhren, begannen sie eine Novene, um dieses Vorhaben abzuwenden. Es war doch ihre „gute“ Waschmaschine, und außerdem, meinten sie, sei es gegen den Geist der Armut. Doch die Gebetserhörung lag auf der anderen Seite, denn als die Novene zu Ende war, fiel auch die zweite Waschmaschine aus.

Das neue Fax

Als die Schwestern gerade das Fax neu bekommen hatten, kam eine Schwester in das Zimmer, in dem das Fax stand, um die Blumen zu versorgen. Die Temperatur schien ihr nicht passend für die Blumen, und sie drehte am Heizkörper. In diesem Moment kam ein Fax. Die Schwester lief in das Büro der Prokuratorin und rief: „Ich wollte nichts kaputt machen! Ich habe nur die Heizung reguliert.“

Wintereinbruch

Bei Wintereinbruch ist es empfindlich kalt in der Kirche. Sagt die Novizenmeisterin zur Kandidatin: „Holen Sie sich Ihr 'Tuch'!“ Diese geht sofort in ihre Zelle und kommt, die 'Tuchent' umgehängt, in die Kirche zurück.

Bitte leise!

Es waren Exerzitien im Kloster. Ein Schild an der Tür „Vortrag! Bitte leise!“ ermahnte zur Ruhe. Einige junge, lustige Schwestern nahmen das Schild ab und hängten es einer Mitschwester an den Schleier. Diese, nichts ahnend, ging mit dem Schild zum Abendgebet in die Kirche. Erst durch das Kichern hinter ihr wurde sie aufmerksam, daß da etwas nicht ganz stimmte.

Sr. Johannina

Als in St. Koloman das Arnoldusheim (Heim für die älteren Schwestern) errichtet wurde, stand Sr. Johannina täglich im Garten und beobachtete genau, wie die Mauern in die Höhe wuchsen. Eines Tages wurde sie gefragt, ob sie sich schon ein Zimmer aussuche. „Ja, selbstverständlich“, gab sie zurück. „ich möchte das im dritten Stock in der Ecke.“ Und dann: „Wissen Sie, man hat mir schon oft gesagt, ich sollte von meinem Zimmer oben im vierten Stock ausziehen, weil ich so alt bin. Aber ich wollte das nicht wegen der schönen Aussicht. Jetzt kann ich es fast nicht mehr erwarten.“ - Einige Wochen später brannte es in Sr. Johanninas Zimmer. Sie mußte umziehen, noch bevor ihr neues Zimmer - natürlich ihr „erwähltes“ – im Arnoldusheim fertig war. Da meinte sie: „Ja, ich wollte schon so bald wie möglich umziehen - aber sooo schnell nun auch wieder nicht...“

Als Sr. Johannina ihren 90. Geburtstag feierte, wurde ihr von einer Mitschwester, die in Ghana wirkte, ein Glückwunschbillett gesandt. Nach etlichen Monaten erhielt sie von ihr einen zwei DIN A4-Seiten langen handgeschriebenen Dankbrief mit allerlei Neuigkeiten. Dann zum Schluß die Bemerkung: „Verzeihen Sie, daß meine Schrift schon etwas zittrig ist. Aber um jemanden zu bitten, mir diesen Brief mit der Maschine zu schreiben, sind Sie mir doch nicht hoch genug.“

Eines Tages begegnete Sr. Maria Petra beim mittäglichen Spaziergang Sr. Johannina im Garten. Sie kam wie immer kopfschüttelnd auf sie zu und erzählte von einem Konflikt im Speisezimmer bei den älteren Schwestern. Irgendeine Änderung war geplant, und, wie es halt so ist, waren einige dafür, andere dagegen. Sr. Johannina, damals schon gut über 90 Jahre alt, meinte dazu: „Es wäre wirklich kein Problem, das zu ändern. Aber unsere alten Schwestern sind ja so stur.“

Bei einer anderen Begegnung im Garten nach dem Mittagessen fragte Sr. Maria Petra Sr. Johannina, ob sie denn nicht ein bißchen ruhen möchte. Sie entgegnete: „Nein, ich habe heute schon genug geschlafen. Als ich nach dem Frühstück in mein Zimmer kam, wollte ich etwas lesen. Aber da bin ich am Tisch eingeschlafen und gerade zum zweiten Frühstück wieder wach geworden. Danach wollte ich weiterlesen, bin aber wieder eingeschlafen, genau bis zum Mittagessen. Wenn ich jetzt im Zimmer bleibe, schlafe ich bis zur Jause." Nach dem Spaziergang begab sie sich in die Kirche, um zu beten. Am Abend erzählte sie, dass sie dort wieder gut geschlafen habe.

Eifrige Nächstenliebe

Eines Tages im März fragte Sr. Donatella (Küchenschwester) beim Frühstück, wann genau zu Mittag der Bus zum Bahnhof fahre. Sr. Andresella, damals noch Chauffeuse, bot sich sofort an, sie mit dem Auto hinzubringen, was Sr. Donatella dankbar annahm. So ging Sr. Andresella früher zu Tisch und wartete dann bei laufendem Motor vor der Pforte. Als Sr. Donatella nicht erschien, machte sich Sr. Andresella auf die Suche und fand die Mitschwester in der Küche – im weißen Arbeitsgewand und seelenruhig die Suppe aus dem großen Kessel schöpfend. „Ja, wolltest du denn nicht um zwölf zum Bahnhof fahren?" – „Doch. Aber erst nach Ostern!"

Sprachliche Mißverständnisse

Eine Schwester kommt zu Sr. Donatella in die Küche gelaufen: „Ein Mann ist hier und hat Nachtisch gebracht." Nun, Sr. Donatella hat zwar nichts bestellt, aber es gibt ja immer wieder gute Leute mit lieben Überraschungen und großzügigen Geschenken. Vorsichtig fragt sie den Mann, der mit einem Papier in der Hand vor ihr steht, was es denn sei – Eis, Joghurt oder gar eine Torte? Trocken erklärt der Mann, er bringe nichts zum Essen, sondern Nacht-Tische! Hätte der Mann auf gut österreichisch „Nachtkastl“ gesagt, wäre das Mißverständnis nicht passiert und bei Sr. Donatella nicht umsonst das Wasser im Mund zusammengelaufen...

Zwei Schwestern aus Deutschland wollen von Wien-Südbahnhof nach St. Gabriel fahren. Auf der Anschlagtafel lesen sie „Mürzzuschlag“. Sie fragen den Bahnbeamten, ob dieser Zug nach Mödling fahre. Er bejaht es und sie steigen ein. Als der Schaffner kommt, fragt die eine Schwester, weshalb denn nirgends das Ziel des Zuges angegeben sei, und die andere erkundigt sich: „Wie hoch ist denn nun dieser Mürz-Zuschlag?“ – Der Schaffner blickt sie nur entgeistert an – er hat offensichtlich noch nie Menschen getroffen, die die steirische Stadt Mürzzuschlag am Semmering nicht kennen!

Kindliche Logik

Nach der Osternachtsfeier möchte ein etwa siebenjähriges Mädchen nochmals in die Kirche und vor allem den Altarraum anschauen. Auch die Sakristei will sie sehen, was ihr die Schwester gerne erlaubt. Dort hängt noch das Meßgewand des Priesters am Ständer. „Gell, da hängt jetzt der Pfarrer ohne Gesicht.“

Rationalisierungsvorschlag

Prozession zum Klosterfriedhof. Sr. Oberin erklärt den Ablauf der liturgischen Feier auf dem Friedhof und fügt den bemerkenswerten Vorschlag an: „...mit einem Gebet beschließen wir unsere Feier auf dem Friedhof, und wer will, kann gleich draußen bleiben....“

Benediktinerinnen
Kinderheim Scharnitz

Gründer der Gemeinschaft ist Pater Edmund Hager aus der Erzabtei St. Peter in Salzburg, genannt auch „Don Bosco Österreichs".
Im Jahr 1897 kamen die ersten vier Schwestern vom Mutterkloster Melchtal in der Schweiz. Sie sollten eine Wohnstätte für schulentlassene Mädchen errichten. So begann erzieherisches Wirken, das 100 Jahre überdauern sollte. Obwohl auch dieses Kloster von den Höhen und Tiefen der letzten 100 Jahre nicht verschont blieb war, gelang es den Schwestern mit Beharrlichkeit, Fleiß und Ausdauer, ihre Arbeit in den Dienst der Jugend zu stellen.
Kindergartenkinder, Volksschüler, Hauptschüler, Schüler des Polytechnischen Lehrganges und Haushaltungschülerinnen fanden Platz im Haus. Zur Zeit stehen Hauptschülerinnen und Hauptschülern die Türen offen.
Die Schwestern wollen weiter versuchen, für die Jugend dazusein, weiterzuplanen und Bäume zu pflanzen für unsere Heimat auf dem Weg zum Schöpfer, dass nach dem Wort des hl. Benedikt „alles in Gott verherrlicht werde."

Wir gratulieren!

Am 13. September feiern die Tiroler das Fest der Hl. Notburga. Im Kloster Scharnitz wird der Festtag ganz besonders hoch gefeiert. Sr. Notburga, die Ökonomin des Klosters, hat ja ihren Namenstag. Die Mitschwestern denken sich Jahr für Jahr etwas Besonderes aus, um sie zu ehren und die ganze Ordensgemeinschaft zu erheitern und zu erfreuen.

Um ungestört die Vorbereitung für die feierliche Gratulation treffen zu können, wurde Sr. Notburga zum Schuster ins

Dorf geschickt, um die neuen Schuhe anzuprobieren. Sie läßt sich für gewöhnlich nicht so leicht für irgendetwas kommandieren. Aber diesmal glückte es. Dem Schuster kam ihr Erscheinen wohl etwas komisch vor, aber trotzdem entwickelte sich ein längerer Plausch.

Die Mitschwestern hatten also Zeit, die Feier kurz vorzubereiten. Die Sakristanin mußte aus der Kirche eine Fahnenstange entleihen und verlangte fast einen Schwur von den Schwestern, dass die Stange ganz bestimmt heil und ganz wieder zurückkommt. Ein großes Leintuch sollte als Banner dienen, das aber erst noch bemalt werden mußte.

Zur gleichen Zeit wurde das neue Schulhaus gebaut. Dafür kamen aus Belgien Baugesellen mit ihrem Kaplan, um beim Ausheben des Grundes behilflich zu sein. Die Baugesellen gehörten dem Bauorden an, den Pater Werenfried van Straaten ins Leben gerufen hatte. Einige Baugesellen waren soeben mit dem Ausgraben eines Baumes im Klosterhof fertig. Als sie hörten, womit die Schwestern aufgeregt beschäftigt waren, spielten sie gleich mit. Der ausgegrabene Baum wurde auf einen Leiterwagen geladen und diente zur Gratulation als mächtiger Blumenstrauß. Das Banner war im Nu fertig. Die Baugesellen konnten nicht gut Deutsch, so schrieben sie mit mächtigen Lettern „für Schwester von Kuh“. Die Fahne flatterte schon lustig im Scharnitzer Wald, da kam die Gefeierte an. Der Jubel wollte kein Ende nehmen.

Es wurde aber auch der „Schwur“ gebrochen, denn Sr. Notburga hatte beim Entfernen des Banners die Fahnenstange entzweigebrochen.

Franziskanerinnen Vöcklabruck

Zur Gemeinschaft der Franziskanerinnen Vöcklabruck gehören 450 Schwestern. Die Gründung dieser franziskanischen Gemeinschaft erfolgte 1850 in Vöklabruck durch den Priester Sebastian Schwarz. Die Tätigkeitsbereiche der Schwestern sind sehr umfassend und gliedern sich in vier Bereiche:
Erziehung (Schule), Gesundheit (Spitäler), Soziales (Senioren- und Behinderteneinrichtungen), Pastoral (seelsorgliche Dienste in Pfarren, Schulen, Spitälern und Seniorenheimen).

Emil

Es hieß Abschied nehmen vom Krankenhaus in Schärding. Die Schwestern wurden von dieser Station abgezogen. Einer der Primarärzte, stolzer Besitzer eines Hundes namens Emil, lud die Schwestern zu einem Abendessen in sein Haus. Auch die Köchin war dabei. Es war rührend, wie sich Emil bei der Schwester Köchin wohlfühlte. Es war ein gemütlicher Abend. Als die Schwestern aufstanden, sahen sie die Bescherung: Der Habit der Köchin war vom lieben Emil so zerbissen, dass Füße und Unterkleid zum Vorschein kamen. Der Arzt packte seinen Emil und schüttelte ihn. Da spuckte der Hund ganze Stoffstreifen aus.

Licht aus!

Zwei heute schon sehr betagte Schwestern, die jetzt im Alten- und Krankentrakt des Mutterhauses in Vöcklabruck leben erzählen gerne ihre Geschichte des ersten Kontaktes mit dem Mutterhaus. Als leibliche Schwestern rückten sie aus dem Mühlviertel an. Sie wollten um Aufnahme in die

Gemeinschaft ersuchen. Der Weg her nach Vöcklabruck und hin ins Mühlviertel an einem Tag war nicht zu bewältigen. So verbrachten sie die Nacht im Mutterhaus. Aber welche Nacht! Als sie ins Bett gehen wollten, war es hell im Zimmer. Licht strahlte von der Decke. Wie diesem Licht beikommen? Zuhause brauchten sie nur auf die Petroleumlampe blasen und das Licht war aus. Miteinander bliesen sie, nichts bewegte sich; sie schwenkten ihre Kleider, um endlich genug „Wind" zu erzeugen gegen die Lichtquelle. Nichts! Sie hatten sicherheitshalber einen Schirm mit; sie klappten diesen auf und zu, wieder ohne Erfolg. Und wieder begann das Spiel von vorne. Die Lampe verlosch nicht. Es wurde eine anstrengende Nacht!

Am nächsten Tag klärte man sie auf: Es genüge ein Klick beim Schalter.

Es regnet in Rom

Das Fernsehen hielt auch im Kloster Einzug, natürlich hauptsächlich für kirchliche Sendungen. An einem gemeinsamen Fernsehtag - gesendet wurde eine Übertragung aus Rom – passierte folgendes:

Plötzlich brach über dem Petersplatz ein Platzregen los. Eine Schwester sprang wie von einer Tarantel gestochen auf und rief: „Ich habe die Wäsche draußen aufgehängt." Sie lief zum Fenster, schob die Vorhänge weg und wollte das „Unglück" sehen. Aber in Vöcklabruck gab's strahlenden Sonnenschein. Na, da kann man nur sagen, „Gott sei Dank"!

Bin ich froh

Der geistliche Religionsprofessor kam regelmäßig zu den Schwestern, um mit ihnen Gottesdienst zu feiern. Anschließend wurde er zum Frühstück eingeladen. Eines Tages wartete er vergeblich auf den wärmenden Klosterkaffee. Plötzlich hörte er jemand kommen. Die Köchin öffnete die

Tür zum Sprechzimmer. Sie weinte. Der Professor fragte, was denn los sei. Die Schwester schilderte unter Tränen ihr Mißgeschick: Kaffee- und Milchkanne seien ihr aus der Hand gefallen und kaputt. Tröstend meinte der geistliche Herr: „Bin ich froh, die Kanne hat schon lange einen Sprung gehabt."

Kleinigkeiten

An einem Festtagabend gab es Würstl zum Essen. Eine der Kandidatinnen aß ihre Portion nicht fertig und steckte ein Würstl in ihren Kleidersack.

Am nächsten Tag hatte sie anläßlich des Besuches einer hohen Persönlichkeit im Mutterhaus ein Gedicht aufzusagen. Sie stand vor dem Gast und mußte noch schnell das Taschentuch zücken. Da fiel das Würstl heraus.

Der Wechsel vom lateinischen zum deutschen Chorgebet war nicht einfach. Wie sollte man die verschiedenen Psalmen nur finden! Da betete mit kräftiger Stimme eine junge Schwester: „O Gott, ich tu dir meine Torheit kund." --- Gelächter!

Ins Heim St. Klara kommen über Vermittlung von Erzbischof Wagner in den Ferien manchmal „schwarze Schwestern", aus Afrika. Die Verwalterin von St. Klara kam in den Mutterhausgarten, unter anderem auch zu den Ribiselpflückerinnen. Sie pflückten die weißen, roten und schwarzen Ribiseln. Auch im St. Klaragarten gibt es dieselben Sorten. Eine Schwester fragt die Verwalterin: „Wieviel schwarze habt ihr denn heuer?" Die Antwort: „Drei". Großes Erstaunen bei der Antwort: „Da kriegt's nicht viel Marmelade!"

Auf die Frage, was es heute gibt, sagte die Köchin: „Es gibt einen Hasen." Die Antwort kam prompt: „Mit Geflügel habe ich es nicht recht."

Schwesternhäubchen

Voll Eifer und mit der gebotenen Geschwindigkeit wollte eine Schwester am Morgen ihre geistliche Kleidung anziehen. Das Häubchen mit dem darauf angesteckten Schleier wurde ordnungsgemäß aufgesetzt. Als sie in die Kirche kam, gab es allgemeines Gelächter: An der Schleiernadel hatte sich ein Strumpf verfangen.

Umgefallen

Es war Zeit zum Hollerpflücken. Die Schwester stand wie so oft auf der Stehleiter. Aber an diesem Tag gab die Leiter einseitig nach und die Schwester landete samt Kübel auf dem daneben befindlichen Erdhaufen. Ihr Kommentar: „Ich habe nicht gemerkt, daß ich umgekippt bin: ich dachte, die Hollerstaude fällt um.“ Beim Erzählen dieser Episode meinte sie noch ergänzend: „Bin ich froh, daß ich so gedacht habe, sonst hätte ich mich gefürchtet.“

Eine Schwester hatte Nachtdienst. Anschließend besuchte sie die Hl. Messe in der Pfarrkirche. Der Dienst war anstrengend gewesen und so passierte es, daß die Schwester während des Gottesdienstes ohnmächtig wurde. Schnell waren zwei Männer zur Stelle, die sie wegtrugen. Obwohl sie schon wieder „wach“ war, ließ sie dieses einmalige Ereignis gerne über sich ergehen.

Leidenschaftliche Gärtnerin

Eine der Schwestern war leidenschaftliche Gärtnerin. Selbst Gewitter konnten sie von ihrer Tätigkeit nicht abhalten. Eines Abends – sie wollte unbedingt ihre Pflanzen setzen – war wieder ein Gewitter. Immer, wenn es blitzte, konnte sie eine Pflanze setzen, weil sie dann das Loch fand.

Kongregation der Barmherzigen Schwestern vom hl. Vinzenz von Paul, Salzburg

Die Provinz Salzburg besteht seit über 150 Jahren. Als Antwort auf die wachsende Not der Zeit schickte Fürsterzbischof Kardinal Schwarzenberg Salzburger Bürgerstöchter in das Mutterhaus der Barmherzigen Schwestern nach München. Von Anfang an stehen die „Töchter der christlichen Liebe", wie sie offiziell seit ihrer Vereinigung mit der weltweiten Genossenschaft 1882 heißen, im Dienst der Nächstenliebe. Heute gehören der Provinzgemeinschaft ein Exerzitienhaus, eine Essensausgabe an sozial Schwache, ein Schwerpunktkrankenhaus, eine Krankenpflegeschule, ein Schwerstbehindertenheim, ein Pensionistenheim und vier Kindergärten an. Im ambulanten Dienst und im Referat für Altenpastoral kümmern sich die Schwestern um alte und einsame Menschen. Derzeit gehören der Gemeinschaft 142 Schwestern an.

Aus dem Kloster und aus der Schule geplaudert...

Im Provinzhaus hängen seit kurzem die Bilder der Provinzoberinnen aus Vergangenheit und Gegenwart. Eine Postulantin schreibt nach Hause: „Jetzt sind im 2. Stock die Vorgesetzten aufgehängt. Seither ist es im Provinzhaus viel schöner."

Eine Kandidatin versucht einer noch jüngeren den Begriff „Fata Morgana" zu erklären. Sie sagt: „Wenn ich im Gang Wiener Schnitzel rieche und im Refektorium gibt es dann Grießschmarrn, so war das eine Fata Morgana".

Die Novizenmeisterin betete die Josefslitanei vor, war aber nicht ganz bei der Sache und betete: „Heiliger Josef, du Schrecken der heiligen Kirche“.... „Bitt für uns!“ „Heiliger Josef, du Schutzherr der bösen Geister!“.... „Bitt für uns!“ (Nur einer fiel es auf!)

Früher war es Brauch, daß die Vorgesetzte mit einer Klapper das Ende der Gebetszeit ankündigte. Eine Postulantin berichtete in einem Brief an ihre Eltern: „Wenn es hinten bei der Oberin kracht, gehen alle Schwestern aus.“

Eine der Schwestern war aus dem Pinzgau nach Tirol versetzt worden. Am Montag erzählte die kleine Christl: „Schwester, gestern hab' i a Pinzgauer-Kuah g'sehn, da hab' i allweil an Sie denkn müass'n.“

In der ersten Klasse wurde das „V“ erarbeitet. Gidi rief ganz begeistert aus: „Jetzt könna man endlich „Scheffau“ schreibn!“

Im Religionsunterricht der ersten Klasse tauchte die Frage auf: „Wozu hat Maria eigentlich einen Mann gebraucht?“ Die Schwester sammelte Argumente, aber Annette erklärte kurz und bündig: „Maria hätte keinen Esel gehabt – ohne Mann.“

Ein Prälat inspizierte die Klasse, es war die Zeit unmittelbar vor dem II. Vatikanischen Konzil. Er fragte: „Könnte beispielsweise ich auch zum Konzil berufen werden?“ Seppi meinte: „Nein, da nehmen's immer nur die G'scheitn.“

Am Welttierschutztag bemühte sich die Schwester, Eigenschaften von Tieren zu erarbeiten. Gerne hätte sie das Wort „genügsam“ gehört, aber es klappte nicht. Sie versuchte es mit einem Beispiel: „Schaut, die Kühe fressen am liebsten das lange Gras, die Schafe begnügen sich mit dem kurzen. Wie sind sie deshalb?“ ... „Kurzfristig“, meint Rudi.

Vor dem Kindergarten wartet ein älterer Herr. Die Schwester fragt höflich: „Erwarten Sie ein Kind?" „Nein, ich bin nur so dick."

Die Schwester hält eine Katechese über den Schutzengel: „Er ist immer an deiner Seite, er ist vor dir, hinter dir..." Zufällig lehnt sich die Schwester an den Katheder. Da schreit Franzi: „Schwesta, du z'patzt ja dein' Schutzengel!"

Die Schwester fragt Rosi nach den sieben Hauptsünden. Bei der siebten stockt Rosi, fährt aber dann fort: „Die Trägheit oder die Ehe."

Eine Schwester durfte ein schwerkrankes Kind auf die Erstkommunion vorbereiten. Die Eltern feierten tiefergriffen mit. Sie brachten dem Kind seine Leibspeise: Schnitzel. Seppi aß ein kleines Schnitzel, verlangte ein zweites: „Das gehört jetzt dem Herrn Jesus" und verspeiste es.

Religionsinspektion in der Klasse. Es kam zur Debatte, ob die schlimmen Kinder auch einen Schutzengel hätten. Mit Hilfe der Katechetin kamen alle wieder zum „rechten Glauben". In der Pause hörte die Schwester eine neue „Version": „Aber wenn die Kinder schlimm sind, lauft oder fliegt der Schutzengel dort ein Stückl weg – sie haben also einen – oder doch wieder keinen."

„Schwester, heute hat der Katechet die Kist'n gezeichnet, wo er drin steht, wenn er predigt."

Die Schwester erzählt den Kindern vom Fuhrknecht, der auf eisiger Straße zwei Pferde mit schwerer Holzfuhre hinaufquält und dabei schimpft und flucht. Sie erklärt: „Wenn einer von euch Buben so grausam wäre, würde ich ihn ganz fest zusammenschimpfen!" Hansi grinst: „Schwester, bis dahin sind wir zwei längst verheiratet, da hast du nichts mehr zu sagen!"

Günter weiß auch genau, wozu der Ambo in der Kirche dient: „Und da steigt der Pfarrer auffi, wenn er wüd (wild) is.“

Die Schwester übt die Präpositionen, die den 2. Fall verlangen. Sie möchte einen Satz mit „kraft des...“ Pauli weiß einen: „Gestern hab’n zwoa Buab’n krafft“ (= gerauft).

Die Schwester gibt als Aufsatzthema „Ein Tag in den Ferien“. Gidi hat seinem Vater beim Stallbauen geholfen. Er schreibt: „Vormittag verputzte ich die Mistbahn und zu Mittag 10 Zwetschkenknödel.“

Am Karfreitag war es in der Gemeinschaft üblich, die Schwestern mit dem Ruf „Christus ist gestorben“ zu wecken. Die Antwort sollte lauten: „Sein Tod ist unsere Hoffnung.“ Eine Schwester aber, eine echte Krankenschwester, fährt erschrocken auf und fragt: „Is a woi versechn worn?“ (Hat er wohl die Sterbesakramente empfangen?)

Die Pfortenschwester des Altenheimes übergibt einer anderen Schwester einen betrunkenen, schmutzigen und etwas ramponierten Sandler und flötet: „Liebe Schwester, da bringe ich Ihnen den göttlichen Heiland.“ Rauh, aber herzlich kommt es zurück: „Her mit dem Krautmandl!“

Eine Schwester war ziemlich „umfangreich“. Einmal besuchte sie die kleine Nichte. Einige Male umrundete diese die Schwester und rief dann voll Verwunderung aus: „Ja Tante, bist das immer noch du?“

Erich, ein Bergbauernkind, beschrieb seinen Schulweg: „Doscht auffi, doscht ummi, doscht eichi...“. Die Schwester versprach ihm, ihn einmal nach Hause zu begleiten. Seine Antwort: „Magst scho mitgehen, aber bis du oben bist, is dunkl!“

Herz-Jesu-Missionare

Die Herz-Jesu-Missionare wurden 1854 von Jules Chevalier gegründet. Ihr Leitsatz ist: Die Liebe Gottes zu den Menschen bekannt zu machen. Der Ordensgründer hat seinen Mitbrüdern den Leitsatz mitgegeben: Geliebt sei überall das heiligste Herz Jesu. Als 1881 Papst Leo XIII. der jungen Gemeinschaft die Südsee-Mission anvertraute, war das der Beginn einer weltweiten Entwicklung. Heute sind insgesamt 2400 Herz-Jesu-Missionare in mehr als 50 Ländern in allen Erdteilen tätig.

Hochgeistig

Die Studenten des ersten Semesters mußten natürlich zuerst die Vorlesungen in Philosophie belegen. P. Josef Santeler brachte ihnen zuerst in Logik das logische Denken und die Kunst des Unterscheidens bei. In der Ontologie (Seinslehre) steigerte sich das kleine Männlein manchmal fast bis zur Ekstase, wenn er vom ens a se (vom Sein aus sich selbst) sprach. Wenn er richtig begeistert war, verhaspelte er sich bisweilen beim Reden und einmal setzte er sich sogar in der Erregung seinen Hut an Stelle der Brille auf.

P. Santeler war ein sehr frommer Mensch und wenn er etwas ankündigte, fügte er am Schluß immer die Worte an: „...So Gott will". So sprach er einmal: „Die Regeln vom Kausalprinzip werden wir am Freitag hören, so Gott will." Aus dem Auditorium erklang darauf eine tiefe Stimme: „Gott will aber nicht, denn es ist Staatsfeiertag."

Einmal beklagte sich P. Santeler über die Sensationslust der Menschen und ihre Neugier: „Überall müssen sie hingehen, wo es etwas zu sehen gibt. Vergangene Woche war das 'Seifenkistl-Rennen' von Hötting zur Hungerburg (Stadtteile von Innsbruck). Da standen soviel Leute an der Straße, dass ich überhaupt nichts gesehen habe."

Pulex - der Floh

Jedes Semester, d. h. zweimal im Jahr, trat im Canisianum in Innsbruck der „Floh" auf. Da durften die Seminaristen ihre Professoren und Vorgesetzten sprichwörtlich durch den „Kakao ziehen".

Der „Floh" war eine sehr weise Einrichtung und eine alte Tradition im Canisianum. Den Floh selber spielte ein Seminarist, der durch seinen Humor und Witz schon aufgefallen war. Jeder, der ein Liedchen singen, ein Gedicht vortragen oder einen Sketch einüben wollte, mußte schon Tage vorher sein geistiges Produkt beim Floh abgeben. Der legte dann das ganze Material P. Regens zur Zensur vor. Die Zensur war aber sehr milde. P. Alois Lindner, Herz-Jesu-Missionar, damals noch Student im ersten Semester, studierte beim schon erwähnten P. Santeler gerade Logik. So kam ihm der Gedanke, daß ein ihm bekanntes stumpfsinniges Lied über das Kausalprinzip gut passen würde. Der Refrain dieses Liedes lautete: „Ja ´s hat alles seine Ursach, ja ´s hat alles seinen Grund". Zwischen den einzelnen Versen sang das Publikum zustimmend: „Jaja". Eine dieser Strophen endete beinahe in einer Katastrophe.

„Pater Santeler ist verwandt mit Konfuze. – Jaja!
Weil sein Vortrag öfters konfuse. – Jaja!
Ja ´s hat alles seine Ursach, ja..."

Das ganze Publikum, Theologen und Professoren, gab schallenden Applaus, nur dem sonst immer lächelnden P. Santeler erstarb das Lächeln auf den Lippen. Er mußte wohl eine schlaflose Nacht verbracht haben, denn am nächsten Tag bei der Vorlesung kam es auf. Mit vorwurfsvollem Blick zu P. Lindner hin, sagte er: „Immer habe ich mich bemüht, in meinen Vorlesungen klar und deutlich zu sprechen, damit mich jeder Hörer verstehen kann, und da wird vom Floh behauptet, mein Vortrag wäre konfus!" In jener Stunde sprach P. Santeler bewußt langsam und deutlich, so daß ein amerikanischer Studienkollege sich nachher bedankte und sagte: „Heute habe ich P. Santeler einmal verstanden."

Steyler Missionare

Am Beginn der Gemeinschaft stand der Priester Arnold Janssen. 1875 gründete er in einem ehemaligen Wirtshaus in Steyl an der Maas (Holland) die Gemeinschaft der Steyler Missionare. Aus diesem kleinen Anfang wurde eine weltweite Gemeinschaft mit über 5000 Mitgliedern. Sie verstehen sich als eine missionarische Ordensgemeinschaft. Durch ihr persönliches wie gemeinsames Leben und durch ihre Verkündigung stellen sie sich dem Auftrag Jesu: seine Botschaft an die Menschen weiterzugeben und ihnen überall in der Welt in ihren geistigen und leiblichen Nöten Bruder zu sein. Der Aufgabenbereich der Gemeinschaft ist vielfältig: Arbeit in den verschiedensten Aufgabenbereichen der einzelnen Niederlassungen in Europa und in Übersee: Handwerk, Verwaltung, Landwirtschaft und Gartenbau, Krankenpflege, Erziehung und Ausbildung, Presse und Bildungsarbeit, Seelsorge als Priester und Brüder.

Guten Morgen

P. Robert Eckert war jahrzehntelang eine verehrungswürdige Institution in St. Gabriel gewesen: der „Doctor mitissimus“ (allergütigster Lehrer), wie er liebevoll bezeichnet wurde, Professor für Liturgiewissenschaft und treuer Zeremonienmeister. Je älter er wurde, desto gütiger wurde er auch (was man Mitbrüdern zur Nachahmung nur empfehlen kann). Als er 1978 starb, trauerte man dem „Onkel Robert“, wie er auch noch genannt wurde, aufrichtig nach.

Ein Mitbruder, der sich beim Joggen als Morgensport durch den Park bewegte, lief am Friedhof vorbei und rief: „Guten Morgen, Onkel Robert!“ – „Guten Morgen, Jakob,“ tönte da eine Stimme von oben, zum größten Entsetzen des Sportlers. Die Erklärung war durchaus irdisch: an einem Zwetschkenbaum turnte ein anderer Mitbruder und machte seine morgendlichen Klimmzüge.

Aussteigen ist verboten

Durch viele Jahre betreute P. Brunsmann die Seelsorge in Neubau bei Mistelbach. Am Samstagnachmittag fuhr er zur Aushilfe, am Sonntag kam er zurück. An einem Abend hielt der Zug auf offener Strecke, die Einfahrt in den Bahnhof war nicht freigegeben. Es war in der Nähe von St. Gabriel bei Mödling. P. Brunsmann stieg aus. Der Beamte: „Hochwürden, Aussteigen ist hier verboten!“ „Einsteigen aber auch“, antwortete der Professor und ging ruhig zum Kloster.

Verzichtet

P. Selzer war ein geschätzter Exerzitienmeister. Dabei waren seine Gedanken oft schneller als seine Worte. Es gab Versprecher wie das bekannte Wort über die Gelübde. „Wir, die wir auf Armut, Keuschheit und Gehorsam verzichtet haben...“

Skrupel

Einer erzählt: Ich war Skrupulant. P. Gerendel hielt die Exerzitien vor dem Noviziat. Zu ihm ging ich mit meinen Skrupeln. Er sagte mir: „Schreiben Sie mal alles, was Sie bedrückt, auf, ganz klar und ausführlich, auch wenn Sie die Vorträge nicht besuchen können. Dies ist wichtiger.“ Es wurde das ganze Heft voll. Ich ging damit zu ihm und gab ihm das Heft. „Haben Sie wirklich alles aufgeschrieben?“ „Ja.“ „Öffnen Sie den Ofen.“ Ich wollte einige Kohlen nachlegen. „Nichts da, das kann ich selber. Werfen Sie das Heft hinein!“ „Aber Sie haben es ja noch gar nicht gelesen!“ „Den Unsinn brauche ich nicht zu lesen. Werfen Sie das Heft hinein.“ Ich folgte. „So, jetzt kommen Sie nie mehr darauf zurück. Auch nicht in der Sterbestunde." – Ich war platt. Aber seitdem war ich meine Skrupel los.

Mißverständnis

Albert Maria Völlmecke machte besondere Forschungen über die Mystikerin Katharina Emmerick. In Ungarn hatte man davon gehört. So wurde P. Völlmecke eingeladen, bei der Jubiläumsfeier des heiligen Emmerich die Festrede zu halten. Er kam - und hielt einen Vortrag über Anna Katharina Emmerick. Maßlose Enttäuschung der Hörer. Ein doppeltes Mißverständnis war vorhanden: Die Ungarn hatten gemeint, die Forschungen des Professors seien ihrem heiligen Königssohn Emmerich gewidmet, und P. Völlmecke hatte angenommen, die Ungarn wollten das Neueste über Katharina Emmerick hören.

Zwingende Logik

Br. Rumoldus Strobl war, bevor er in fortgeschrittenem Alter in St. Gabriel eintrat, Bauernknecht gewesen. In seiner Klosterzelle hatte er allerlei Werkzeuge, wie Sense, Hammer und Zange. Sein Spiritual P. Kühne sagte bei einem Besuch, solche Dinge gehörten nicht ins Zimmer. Darauf Br. Rumoldus: „Ehrwürden (so redete er jeden an, Bruder wie Pater), Sie sind ein studierter Mann. Sie haben auf Ihrem Zimmer Regale und Bücher... Ich habe hier meine Werkzeuge; ich muß sie zur Hand haben, wenn ich beispielsweise in der Frühe mähen soll."

Schöner geworden

Nach Einführung der neuen Tracht erklärte Pater Keck den Blauen Schwestern: „Früher habt ihr mit dem großen Schleier frömmer (heiliger) ausgesehen, als ihr ward; jetzt seht ihr schöner aus, als ihr seid!"

Predigten

In der Herz-Jesu-Kirche in Mödling predigte P. Marusczyk nach der Erhebung des chinesischen Bischofs Tien zum Kardinal: „Und jetzt haben wir sogar einen heidnischen Kardinal."

Der frühere Togo-Missionar Provinzial P. Anton Witte sprach in einer Predigt begeistert von der Gottesmutter. „Wenn ich in den Himmel komme, werde ich alle Regeln des Anstandes vergessen und ihr um den Hals fallen."

Bilanz stimmt

Paul Schebesta, Stationsoberer in Mocambique, hatte die Jahresbilanz zu erstellen. Er zählte alles auf: Schweinekauf, Baumaterial, Arbeitslöhne usw. Zum Schluß aber ergab sich doch noch ein Fehlbetrag. Kurz entschlossen schrieb er als letzten Posten: „Noch ein Schwein gekauft." Dieses letzte Schwein kostete genau so viel, wie der Fehlbetrag lautete. Und die Bilanz stimmte.

Mussolinis Rizinusöl

Bei Msgr. Georg Fröwis klagte Sr. Adele über Mangel an Rizinusöl in ihrer vielbesuchten Poliklinik. Fröwis meinte scherzend: „Man liest, dass Mussolinis Faschisten den Trunkenbolden Rizinusöl einzuflößen pflegen, sie scheinen viel davon zu besitzen." Die arglose Schwester verschaffte sich die Adresse dieses Signore Mussolini in Rom und bat um Rizinusöl für das Krankenhaus in Sinyang-chow. Mussolini erkundigte sich beim italienischen Konsul in Hankow über den Sachverhalt und ließ auf dessen Begutachtung der Sr. Adele einen Zentner Rizinusöl „verabreichen".

Augustiner-Chorherrenstift St. Florian

Der heilige Florian starb im Jahr 304 den Martertod. Nach der Überlieferung entwickelte sich bald danach die Verehrung seines Grabes an der Stelle, wo heute die Stiftskirche steht. Aus dem Jahre 819 stammt das erste schriftliche Zeugnis über „St. Florian". Seit 1071 wirken hier die Augustiner-Chorherren.
St. Florian ist geistliches Zentrum für über 30 Pfarren und für außerordentliche Seelsorge. Musik ist im kulturellen Leben ein Schwerpunkt, nicht zuletzt durch die St. Florianer Sängerknaben und durch Anton Bruckner.
Neben derTheologie hat die Geschichtswissenschaft Tradition.

Bruder Florian

Ein unvergessener „guter Geist" im Haus wird Bruder Florian bleiben. Er besorgte die unerläßlichen kleinen Handgriffe im Haus, die man erst merkt, wenn sie nicht mehr geschehen. Bruder Florian hielt seine Tagesordnungen bei Arbeit und Gebet und war offensichtlich nicht aus der Ruhe zu bringen. Er konnte es (was man sich selber manchmal verstärkt wünschen würde): Eine Arbeit einmal liegen lassen, wenn es Zeit zum Gebet war. Kein Wunder, dass die Mitbrüder bald einen Spruch hatten: Wenn ihn der Arbeitswind umweht, dann nimmt er Zuflucht zum Gebet.

Nicht nur zahlende Besucher, die eine Stiftsführung mitmachen, streifen durch die Höfe und Gänge, sondern auch genügend „schwarze Passagiere", die sich ihre Information so nebenbei holen, wenn sie eines „stiftlichen Ureinwohners" habhaft werden. Auch Bruder Florian wurde des öfteren angesprochen, wie alt denn dieses Gemälde oder diese Statue sei. Er hatte seine Standardantwort: „Um 1000!“ Die kulturbeflissenen Besucher zeigten sich stets beeindruckt.

Lesefehler

Einem jungen Novizen (so wird jener junge Mann genannt, der sein Ordensleben beginnt) stellen sich manche Hürden, die es zu nehmen gilt. Manche Lebensgewohnheiten sind neu, auch manche Begriffe. Beim gemeinsamen Chorgebet sind Lesungen vorzutragen, in denen manche Tücken lauern.

Herr Georg hatte aus dem Beginn des Johannesevangeliums (Joh 1, 47) zu lesen, wo von Nathanael die Rede ist, der durch die Bemerkung bekannt geworden war: „Kann denn aus Nazareth etwas Gutes kommen?“ Im Text heißt es: „Jesus sagte: Da kommt ein echter Israelit, an dem kein Falsch ist“ – Herr Georg las: „..., an dem kein Fleisch ist“!

Hosianna

Festliche Kirchenmusik muß nicht immer über alles Klarheit bringen; ohne Vorinformation kann die Verwirrung und Irrung beachtlich werden. Jubilierend sang der Chor in Variationen: „Hosanna in der Höhe“. Plötzlich fragte die kleine Irene die Mama: „Warum singen die: Wo sama? - In der Hölle?“

Schmiedemeisterkunst

In den Gängen und Stiegenhäusern finden sich einige beachtliche kunstvolle Gitter. Ein Besucher beäugte die schmiedeeiserne Arbeit sehr kritisch und stellte fest: „Die sind sicher vom Kremser Schmidt!“

Engel

Herr Stiftspfarrer Rupert mühte sich im Religionsunterricht, den Kindern von den Engeln zu erzählen. Vor allem legte er ihnen dar, dass ein Engel keinen Körper hat, sondern Geist ist. Nach verschiedenen Versuchen, dies zu veranschaulichen, wollte es der Herr Pfarrer nun wissen und stellte eine Testfrage: Kann sich ein Engel in den Finger schneiden? Die kleine Anni mit Begeisterung: „Nein!“ Der Pfarrer strahlte ob seiner religionspädagogischen Künste und hakte nach: „Ja, warum denn nicht?“ Darauf Anni: „Weil er kein Messer hat!“

Scheibenwischer verloren

Unter geistlichen Mitbrüdern gibt es verschiedene Kriterien für das geistliche Leben. Eines davon unterscheidet wie folgt: „Den einen erfüllt‘s, den anderen verzehrt‘s!“ Herr Pfarrer Hermann gehört zu denen, die es erfüllt.

Einmal versuchte er wieder, etliche Kilo abzunehmen, und er schaffte es. Dazu bemerkte der Bürgermeister seiner Heimatgemeinde: „Das ist ja soviel, als hätte ein Lastwagen einen Scheibenwischer verloren!“

Neu ausmalen

Schulkinder kommen in den großen Räumen nicht aus dem Staunen heraus und mancher Stiftsführer wundert sich über manche altkluge Bemerkung. Frau Maria erklärt die Bibliothek und das Deckengemälde, zu dem sie bemerkt: Dieses Fresko ist 200 Jahre alt und noch nicht restauriert. Darauf entrüstet sich ein noch sehr junger Besucher: „Und mia tuan unser Kuchl alle Jahr neu ausmal’n.“

Augustiner -Chorherrenstift Klosterneuburg

1114 gründete Markgraf Leopold III. an der Stelle eines alten römisches Kastells ein Stift für weltliche Chorherren, das er 1133 in ein Kloster für Augustiner-Chorherren umwandelte. Im 20. Jahrhundert erlangte Klosterneuburg weltweite Bedeutung durch die vom Chorherren Pius Parsch begründete „Volksliturgische Bewegung", die viele Voraussetzungen für das II. Vatikanische Konzil schuf.
Derzeit umfaßt das Stiftskapitel insgesamt 37 Mitglieder, die hauptsächlich in der Pfarrseelsorge, aber auch wissenschaftlich und wirtschaftlich tätig sind. Dem Stift sind 24 Pfarren anvertraut.

Aussehen?

Ein junger Kaplan kam aus seiner Pfarre ins Stift und begrüßte dort einen älteren Mibruder:
„Herr Professor, wie geht es Ihnen?"
„Ach schlecht, schlecht!"
„Sie sehen aber doch gut aus."
„Die Hämorrhoiden hab ich ja nicht im Gesicht."

Papschi

Der alte Chorherr Clemens Buchmann, genannt Papschi, ein Original des Stiftes Klosterneuburg, war ein sehr geselliger Mitbruder. Als er ein neues Zimmer im Stift bezogen hatte, kündigte er eine große Eröffnungs-Party an; zugleich kam an die Mitbrüder die Order, was jeder einzelne Gast mitzubringen hatte: Kaffee, Zucker, Wein, Kuchen usw. Das Fest verlief sehr heiter, und als es ans Abschiednehmen ging, sagte der

Prälat zu ihm: „Das war ja ein sehr schönes Fest, Clemens. Was hast eigentlich Du dazu beigesteuert?“
Darauf Clemens: „Die Idee!“

Vorbeugung

Der Stiftsbibliothekar Dr. Berthold Cernik war nicht nur ein gelehrter, sondern auch ein äußerst gewissenhafter Mann. Neulingen im Stift war ein Rätsel, warum er immer ein wenig auf dem Steinboden herumtrampelte, bevor er die Bibliothekstüre aufsperrte. Das hatte einen realen Grund. Er wollte damit die Brotkäfer vernichten, die Löcher in die Bucheinbände fressen. Er stellte sich vor, daß diese schädlichen Insekten täglich vor der Tür warteten, bis er aufsperrte.

Eismänner

Der Chorherr Aegyd Bayer, durch Jahrzehnte Religionsprofessor, war ein richtiger Schulmeister. Im Mai ging er im Stiftsgarten spazieren und traf den Gärtnerburschen. Prompt hielt er ihn an: „Wir haben jetzt die Eismänner. Wie heißen sie?“
Die Antwort: „Wiltschka.“

Novizen

Im Jahr 1948 wurden sieben Novizen eingekleidet. Dementsprechend lustig und unruhig ging es unter ihnen zu, besonders vor dem Beginn der Novizenstunde (Einführungsunterricht in das Ordensleben). Eines Tages beschlossen die Novizen, sich vollkommen ruhig zu verhalten und die Reaktion des Novizenmeisters abzuwarten. Als der Novizenmeister Severin unter Grabesstille den Raum betrat, sagte er nur: „So ruhig könnte es immer sein, nicht nur, wenn ihr einen blöden Witz machen wollt.“

Ein Novize kam zum Novizenmeister und bat um Geld, um sich fotografieren zu lassen.
„Wozu wollen Sie sich fotografieren lassen?“
„Na, für das Foto, das von jedem Novizen nach Rom an die Religiosenkongregation geschickt werden muß!“ (Das hatten ihm die boshaften Mitbrüder eingeredet).

Mörderpfarrer

Die Pfarre Haselbach ist dem Stift Klosterneuburg inkorporiert. Die benachbarte Ortschaft Wollmannsberg gehört nicht zur Pfarre, aber die Bewohner pflegen gern nach Haselbach in die Kirche zu gehen. Da geschah 1913 in Wollmannsberg ein aufsehenerregender Mord: Ein Knecht erschlug eine Bäuerin. Kurz darauf war ein Priestertreffen in Klosterneuburg. Als der damalige Pfarrer von Haselbach, der Chorherr Gaudenz Krause, den Raum betrat, begrüßte ihn Kardinal Piffl mit den launigen Worten: „Da kommt ja der Mörderpfarrer! Schöne Sachen hört man von Ihrer Pfarre, Herr Gaudenz!“

Darauf Herr Gaudenz: „Nein Eminenz, aus meiner Pfarre ist der Mörder nicht, aber aus Ihrer Diözese.“

Hofers Führungen

Der Refektoriumsdiener Rupert Hofer hielt häufig Stiftsführungen und wußte auf das Publikum einzugehen, was ihm viel Trinkgeld brachte. Eines Tages bekam ein anderer Stiftsangestellter Besuch von Verwandten aus Deutschland und bat ihn, für diese eine Sonderführung zu halten. Da gab ihm Hofer einen Fünfzig-Schilling-Schein, was damals viel Geld war, und sagte: „Den gibst du mir nachher recht auffällig!“ – um die anderen zu animieren. Das tat er auch und die Verwandten bedankten sich bei ihm, weil sie meinten, er habe die Summe für alle gegeben. Herr Hofer hatte aber nur sein eigenes Geld zurückbekommen.

Besagter Herr Hofer suchte sich weiterzubilden, um seinem Publikum möglichst viel Wissen zu bieten. In einem der Kaiserzimmer hing ein großes, etwas obszönes Gemälde von Johann Michael Rottmayr, darstellend die biblische Szene von Lot und seinen Töchtern (Gen 19,30-38). Er gab nun während einer Führung folgende Erklärung von sich: „Auf diesem Bild von Johann Michael Rottmayr sehen Sie Karl Lot und seine Töchter."

Er erklärte auch näher: „Rottmayr war in Venedig ein Schüler von Karl Loth (das hatte er im Katalog gelesen). Dieses Bild ist sein Meisterwerk und stellt seinen Lehrer mit den beiden Töchtern dar."

Cappa magna

Bis zum II. Vatikanischen Konzil trug der Propst von Klosterneuburg an hohen Festtagen beim Einzug in die Stiftsbasilika die Cappa magna, die 4 Meter lange Schleppe. Schleppträger war immer ein Kleriker. Einer pflegte dieses Amt so würdevoll und erhaben auszuüben, dass der Spruch umging: „Wenn der R. die Schleppe trägt, dann weiß man nicht, an welchem Ende der Prälat geht."

Fast biblisch

Wenn man in gewöhnliches Wasser einige Tropfen Mokka gibt, dann nimmt das Wasser die Farbe von Weißwein an, schmeckt aber natürlich wie zuvor. Dieser Trick wurde von den Junioren des Stiftes oft für allerlei Schabernack verwendet.

Eine beliebte Zielscheibe vieler Späße war der Professor für Altes Testament, Alipius Wollenik († 1987). Ihm schenkten seine Hörer einst eine Flasche mit solcher Flüssigkeit, gut getarnt als Spitzenwein des Stiftes. Nach längerer Lagerung bemerkte der Professor eine merkwürdige Verfärbung in der Flasche und schickte sie unter Protest ins Kelleramt. Dort gab es eine hochnotpeinliche Untersuchung, aber niemand fühlte sich für die Füllung verantwortlich. Schließlich fragte der Kellermeister: „Woher haben Sie denn diese Flasche?“ „Die haben mir die Junioren geschenkt!“ Darauf der Kellermeister: „Ach so, dann bin ich im Bilde.“

Wo werden die essen?

In der stiftseigenen Pfarre Donaufeld saß im Dezember 1965 der Pfarrer mit den beiden Kaplänen und der Haushälterin gegen Mittag vor dem Fernsehapparat, um den Abschluß des II. Vatikanischen Konzils mitzuerleben. Als der lange Zug von Bischöfen aus dem Petersdom auf den großen Platz herauszog, fragte die Haushälterin: „Essen die jetzt alle beim Heiligen Vater oder müssen sie ins Wirtshaus gehen?“

Prinz Eugen

Die Stiftsportiere sind manchmal Meister, Nachrichten mißzuverstehen oder Aufträge zu verwechseln. Eines Tages kam ein Herr und wünschte den Stiftspfarrer zu sprechen. Der Portier fragte: „Wen darf ich melden?“ „Eugen Ritter von Fritsch.“ Darauf meldete der Portier: „Ein Herr möchte Sie sprechen, der behauptet, er sei der Prinz Eugen.“

Kongregation der Barmherzigen Schwestern von hl. Vinzenz von Paul, Innsbruck

Die Gründung der Kongregation erfolgte im Jahr 1839 von München aus. Die Gemeinschaft zählt derzeit 400 Schwestern, die in 41 Niederlassungen wirken. Wenn sich auch manche Aufgabengebiete der Schwestern gewandelt haben, ist der immer neue Anruf, für die Menschen da zu sein, gleich geblieben, wie auch der Anspruch an die Gesinnung, dass durch all das Tun Zeugnis gegeben werden soll von der erbarmenden Liebe Gottes. Die Schwestern arbeiten in der Kranken- und Altenpflege, betreuen Obdachlose und geistigkranke Menschen, sind in Schule, Kindergarten und Internat tätig, führen Bildungs- und Erholungshäuser und führen seit 16 Jahren eine Mission in Afrika.

Sr. Josefine und der neue Bischof oder „Ihre Augen aber waren gehalten."

Eines Tages im September kam ein sehr freundlicher Herr mit einem Kreuzlein an der linken Seite und wollte Sr. Sighilde besuchen. Sr. Josefine sagte: „Darf ich Sie begleiten? – Fremde dürfen nicht allein in die Klausur." Er bejahte freundlich und auf dem Weg fragte sie neugierig: „Darf ich um Ihren Namen bitten?" – „Pater Alois, Salesianer aus Bayern." Sie sprachen dann unterwegs von der bevorstehenden Bischofsnachfolge in Tirol. Sie sagte: „Im Frühjahr wurde im Fernsehen ein Pater Kothgasser aus Bayern gezeigt – ein gebürtiger Steirer - ein sehr sympathischer Herr, er galt damals auch als Favorit; aber er hatte abgelehnt, weil man hier nur einen Tiroler will.“ Sie fragte ihn noch, ob er Pater Kothgasser kenne. Seine Antwort: „Ja, den kenne ich.“ Und sie redeten weiter. Sr. Josefine sagte: „Nun müssen wir halt Geduld haben. Rom läßt sich nicht erpressen.“ Er darauf: „Beten Sie fest zum Heiligen Geist, dann wird gewiß der Rechte kommen.“

Da sie die gesuchte Schwester nicht fanden, sagte er zum Schluß: „Sagen Sie der Sr. Sighilde einen schönen Gruß. Sie soll fest für mich beten“.

Später traf sie ihre Mitschwester und richtete ihr den Gruß von P. Alois aus. „Das ist ja der P. Kothgasser“, sagte diese. Sr. Josefine: „Nein, er heißt P. Alois.“ Sie: „Die haben nur einen P. Alois.“ Da fiel es ihr wie Schuppen von den Augen. Er hatte ja gesagt, er sei ein Salesianer aus Bayern, und er sei Steirer – wie der zukünftige Bischof.

Als ihm dann Sr. Sighilde schrieb, legte Sr. Josefine eine Karte mit folgendem Wortlaut bei: „Lieber Hochwürdiger P. Alois! Sie haben mich bei Ihrem Besuch neulich behandelt wie Jesus die Emmausjünger. Meine Augen waren gehalten. Nach Ihrem Weggehen gingen mir die Augen auf. Sind Sie am Ende unser neuer Oberhirte? Sie baten mich ja, fest zum Heiligen Geist zu beten, dass der rechte Bischof kommen möge. Und so bete ich seither jeden Tag die Litanei zum Heiligen Geist für Sie, bis die Entscheidung gefallen ist.“ Wenige Tage darauf wurde bekannt: P. Alois Kothgasser wird der neue Bischof der Diözese Innsbruck. Sr. Josefine hat nicht aufgehört, die Litanei zum Heiligen Geist weiterzubeten – für den Bischof und für uns alle.

Augustiner-Chorfrauen Goldenstein bei Hallein

Gegründet wurde der Orden vom Augustiner-Chorherren Pierre Fourier und der Sel. Alix le Clerc in Lothringen. Das Stammkloster Rastatt in Baden wurde 1767 gegründet. Die Schwestern führten höhere Schulen für Mädchen, bis im Kulturkampf 1877 die Aufhebung des Klosters geschah. Im selben Jahr kamen die Schwestern nach Goldenstein bei Hallein. In der NS-Zeit wurde die Hauptschule mit Internat geschlossen, jedoch bereits 1947 wieder eröffnet.
Die Augustiner -Chorfrauen sehen ihre besondere Aufgabe darin, jungen Menschen zu helfen, ihr Gewissen und ihr Urteil im Geist des Evangelium zu bilden und entsprechend zu handeln.
Ziel ist, die Jugendlichen ihre soziale, ethische und religiöse Verantwortung erkennen zu lassen. Diese Erziehungsarbeit leisten die derzeit 9 Schwestern in Schule und Internat.

Heiteres in Goldenstein

Sr. Johanna kam vom Putzen aus der Chortür und hatte an beiden Armen einen Kübel hängen: „Aus dem Weg, bitte, wir kommen zu Dritt."

Sr. Johanna im Alter von 87 Jahren: „Wie werde ich die Stiegen gehen können, wenn ich einmal alt bin?"

Mutter Gabriela äußerte sich im Alter von 96 Jahren: „Sie werden es schon sehen, mit 60 beginnt die zweite Jugend."

Besuch bei einer Mitschwester im Krankenhaus. Als die Schwestern nachher zum parkenden Auto gingen, steuerte

Mutter M. Gabriela, damals im Alter von 94 Jahren, einen falschen Kombi an. Sechs Meter vor diesem Auto sagte sie: „Ach nein, das ist nicht unser Auto, das ist ein Opel."

Bei der Hl. Messe wurde zum Evangelium das Gleichnis von den zehn Jungfrauen vorgelesen. Unter anderem hieß es im Evangeliumstext: „Habt ihr das alles verstanden?" „Ja" ertönte es klar und schallend in der Kirche von einer Schwester.

Die derzeit älteste Schwester – 93 Jahre – begrüßte den Hausgeistlichen und Rektor der Klosterkirche: „Der Herr sei mit dir und auch mit mir!"

In der Klosterschule mußten die Kinder beim Geographietest die Vulkane Italiens als Antwort aufschreiben.

„Die drei Vulkane Italiens sind: Vesuv, Stromboli und der Vatikan (statt Aetna)."

Der Rosenkranz wurde in der Religionsstunde durchgenommen und zur Aufgabe gegeben. Beim ersten Gesätzchen des schmerzhaften Rosenkranzes hieß es nicht: „Jesus, der für uns Blut geschwitzt hat", sondern ein Kind wußte seine Antwort: „Jesus, der für uns Blut gespendet hat."

Nach der Einkleidungsfeier einer Schwester kamen die Verwandten zur Gratulation. Darunter befand sich auch eine kleine Nichte. Der Kommentar: „Mei, Tante, hast es du gut, du brauchst nur mehr das zu waschen!" Und umrundete mit seinem Fingerchen das Gesicht.

Als eine andere Nichte zu Besuch eintraf und sich eine gute Gelegenheit bot, meint diese: „Du, Tante, die Schneiderin hat aber nichts verstanden, die hat dir die Ärmel viel zu weit gemacht!"

Im Mädcheninternat der Hauptschule muß es immer wieder heißen: „Habt ihr euch schon gewaschen und die Zähne geputzt?“ „Ja“, ist natürlich die erste Antwort, bis man der Sache auf den Grund geht. „Und habt ihr auch eure Puppen gewaschen?“ „Nein, sie sollen es besser haben!“

Autosorgen

Für die Kinder im Internat, für die Schüler zum Mittagstisch, für die Lehrer, für die Angestellten und für die Schwestern muß eingekauft werden. In der Regel wird einmal in der Woche in Goldenstein zur Einkaufstour aufgebrochen. Es galt, Gemüse vom Markt zu holen. Ein Mann sah die Schwester mit den Kisten zum Auto gehen und übergoß sie mit besonders ausgewählten Worten: „Dass Schwestern einen Kombi fahren. Es tät ’s doch ein billigeres Auto auch!“ Die Schwester zählte ihm die Personen auf, die jeden Tag im Haus ihren Hunger stillen würden, und meinte dazu, dass man sich die Zeit einteilen müßte. Außerdem forderte sie ihn auf, ihr einen Wagen zu offerieren, mit dem sie die gleiche Menge für eine Woche einkaufen könne, und der noch dazu billiger wäre als dieser. Er dachte lange nach und sagte: „Mir fällt keiner ein.“ „Sehen Sie, uns ist auch kein anderes Auto eingefallen.“

Grenzkontrolle

Einige Schwestern von Goldenstein kamen ins Stift Reichersberg und wurden von Herrn Severin eingeladen, mit ihm nach Deutschland zu fahren, um historische Kirchen zu besichtigen. Es gab nur ein Problem, eine Schwester hatte keinen Reisepass mit. Zu diesem Zeitpunkt steckten die Gespräche des EU-Beitritts noch in zarten Kinderschuhen, d.h., die Grenzkontrolle war unumgänglich. Die Lösung des Problems: „Wir nehmen das grüne Heftchen vom Lesungsoffizium.“ Es hat in etwa dieselbe Farbe und Größe eines Reisepasses. An der Grenze wurde einfach der „fromme Reisepass“ – in diesem Heftchen sind Texte aus der Hl. Schrift und den Kirchenvätern – hochgehalten, und der Zollbeamte winkte durch. Bei der Rückfahrt wiederholte sich dasselbe Spiel.

Fahren lassen

Eine Schwester fuhr Besucher ins Salzkammergut, um den Gästen die schöne Landschaft und Heimat zu zeigen. Doch an diesem Tag hatten viele die gleiche Idee und noch dazu ein schnelleres Auto als die Schwestern. So ließ man das erste Auto vorfahren, das zweite, das dritte. Als das vierte Auto vorgefahren war, meinte die Chauffeuse: „Mein Gott, bin ich heute nicht gut, ich hab schon den vierten fahren lassen.“

Wenn, dann ordentlich

Sr. Bernadette bekam eine Gipsschiene, da sie sich den Unterarm angeknackst hatte. Der Kommentar eines Kindes: „Sr. Bernadette bringt schon gar nichts zusammen, nicht einmal die Hand kann sie sich gescheit brechen!“

Milch und Rahm

Sascha erinnerte sich an ihre Volksschulzeit: „Ich weiß nicht, ich glaub’, ich hab’ da nicht richtig aufgepasst, ich dachte immer, dass bei der Kuh von zwei Zitzen die Milch kommt und von zwei Zitzen der Rahm.“

Kongregation der Schulschwestern von Hallein

Im Dienst an den Menschen im Geiste des hl. Franziskus arbeiten die Halleiner Schulschwestern. Entstanden ist die Gemeinschaft zur Zeit großer sozialer Gegensätze der Industriestadt Hallein am Beginn des 18. Jahrhunderts. Maria Therisa Zechner hatte sich der armen Arbeiterkinder angenommen und ihnen eine Schulbildung ermöglicht. Dabei hat sie selber, inspiriert vom Vorbild des heiligen Franziskus, mit ihren ersten Gefährtinnen das arme Leben der Benachteiligten geteilt. Heute arbeiten die Schwestern in der Erziehung und Bildung von Kindern und Jugendlichen, in der Kranken- und Altenbetreuung, in der Begleitung von Müttern und Kindern in Notsituationen, in der Pfarrseelsorge und in der Mission in Bolivien und Argentinien. Derzeit gehören der Kongregation etwa 200 Schwestern an.

Jause beim Bischof

Es war in der Dombuchhandlung in Salzburg. Dort beginnt diese Geschichte eines spontanen Einfalles, den Schwestern manchmal haben können.

„Geh, schaun wir beim Bischof vorbei – einfach so." Gesagt – getan.

Mit Buttermilch – sie wußten, dass der Bischof von Salzburg gerne Buttermilch trank – und mit Salzbrezeln „bewaffnet" läuteten sie an der Wohnungstür des Bischofs.

Die Bischofsschwester öffnete.

„Ist vielleicht der Bischof zu Hause? Wir hätten ihn gerne kurz gesprochen!"

„Moment, ich ruf gleich an, er ist bei einer Sitzung." Und weg war die gute Frau – ein Zurückhalten der Schwester oder ein

Einspruch war nicht mehr möglich.

Sie kam bald zurück und erklärte den Schwestern, sie sollten in sein Büro hinübergehen, er würde bald nachkommen. Schon nicht mehr mutig, machten sie sich auf den Weg. „Was, wenn das eine wichtige Sitzung ist und wir kommen 'nur so' vorbei, um mit ihm die Jause zu teilen", meldete sich bei den Schwestern eine innere Stimme immer lauter. Nun gab es kein Zurück mehr!

Der Bischof holte sie in sein Sprechzimmer und bot ihnen Platz an.

Sie entschuldigten sich wegen dieser Störung, aber der Bischof sagte mit vorgehaltener Hand, dass ihm diese Störung zur rechten Zeit nicht unwillkommen sei.

So packten sie ihre Jause aus und erklärten ihm, dass sie ihn einfach einmal so sehen wollten. Es wurde ein nettes Gespräch, so wie unter Freunden.

Zum Schluß gestand ihnen der Bischof noch, dass er erschrocken war, als es hieß, zwei Schwestern warteten auf ihn.

Sein erster Gedanke war: Welche Probleme werden die wohl haben, wenn sie so „akut" auftauchen?

„Heute", so steht im Schlußsatz der Geschichte von dieser Schwester, „wünschte ich mir mehr so spontane Begegnungen – sie sind von einer besonderen Würze."

Recht hat sie und menschlich ist es auch.

Schicksalsgeschichte über Hopfen und Malz hinter Klostermauern

Bier war in früheren Zeiten eine Rarität, auch hinter Klostermauern. Es wurde in der Noviziatsgemeinschaft der Halleiner Schwestern nur an hohen Festtagen und gelegentlich an Sonntagen serviert, d. h. eine Flasche Bier für sechs bis acht Personen.

Da die jungen Schwestern dieses „Sonderangebot" aber

noch nicht so richtig zu schätzen wußten, wurde das Bier ungeöffnet in die „Truhenbank" des Noviziatsrefektoriums gelegt. Hier harrten schon andere „Festtagsbierflaschen" einem unsicheren Ende entgegen.

Nun kam Weihnachten und somit auch wieder die eine oder andere Bierflasche dazu.

Es war Noviziatsbrauch, dass die jungen Schwestern am Weihnachtstag nachmittags einen Bummel durch die Stadt Salzburg machten, um die aufgestellten Krippen in den Kirchen zu bewundern. Bei diesem Gang nahmen sie die Bierflaschen mit, um sie an die „Brüder von der Straße" zu verschenken.

Als sie aber in die damals noch nicht renovierte Franziskanerkirche kamen, sahen sie links und rechts die Beichtstühle stehen.

Durch eine „plötzliche Eingebung“ inspiriert, legten sie in jeden Beichtstuhl auf den Platz des Priesters eine Bierflasche. Ein Zettel mit der Aufschrift „Frohe Weihnachten wünscht die KJ“ sollte die Herkunft der Flaschen erklären. Unter KJ meinten sie die Klosterjugend.

Ein Artikel im Rupertusblatt unter „Lesermeinung“ lautete danach:

„...P. Wolfgang freut sich, dass es die Katholische Jugend – kurz KJ – noch gäbe, und er wünsche sich mehrere Aktionen von ihr, nicht nur das Bier im Beichtstuhl.“

Die Mutter Gottes von Lourdes und die Wurstsemmel

Eine Schwester hatte einen freien Tag. Freizeit ist manchmal für Schwestern nicht so selbstverständlich; was es aber sein sollte.

An diesem Tag wollte sie sich einen Arbeitsschurz nähen. Doch plötzlich gab die Nähmaschine ihren Geist auf. Nun, nichts wie schnell zum „Nähmaschinendoktor“! Da die Nähmaschine sehr schwer war, fuhr eine andere Schwester mit nach Salzburg. Gott sei Dank hatten sie noch zwei Wurstsemmeln eingepackt, ansonsten hätten sie an diesem Tag hungern müssen.

Um 12 Uhr kamen sie bei der Reparaturwerkstätte an. „Geschlossen bis 15 Uhr“ stand da zu lesen. „Wir haben ja noch ‘Brüder’ in der Stadt, die werden uns schon ins Pfortenstüberl hineinlassen“, dachten sie sich. Angekommen an der Klosterpforte der Franziskaner – mit schwerer Nähmaschine und zwei Wurstsemmeln – fanden sie auch hier verschlossene Türen.

Es war ein feuchtkalter Dezembertag und sie froren schon

ein wenig.

In ihrer Not flüchteten sie zur Mutter Gottes in die Seitenkapelle der Franziskanerkirche. Dort war es wenigstens warm, denn es brannten viele Lichter vor der Statue.

Bald aber meldete sich der Hunger. Sie konnten aber unmöglich in der Kirche plötzlich zu jausnen beginnen, noch dazu als Schwestern.

Eine Lösung wurde geboren: Sie falteten über der Wurstsemmel die Hände, denn wenn jemand unvermutet hereinkäme, sähe er eben betende Schwestern.

Auf diese Weise kamen sie zu ihrer Wurstsemmel und die Mutter Gottes zu ihrem Gebet. Die Mutter Gottes wird wohl verschmitzt auf beide Schwestern heruntergelächelt haben.

Assisifahrt

Zusammen mit 80 Brüdern und Schwestern aus verschiedenen franziskanischen Gemeinschaften fuhren auch zwei Halleiner Schwestern nach Assisi. Die beiden waren die letzten, die um 1 Uhr nachts am Innsbrucker Bahnhof zustiegen. Sie hatten zwei Platzreservierungen für den Schlafwagen.

Schlaftrunken erschien eine Schwester, als sie zustiegen. „Assisi?“ fragte sie. „Ja“ antworteten die Schwestern.

Als sie besagter Schwester durch die Waggons folgten, blieb diese plötzlich stehen; etwas verlegen erklärte sie beiden Schwestern, dass sie leider bei vier Brüdern schlafen müßten.

Erschrocken die jüngere zur älteren Schwester: „Du – bitte, da gehst Du voraus.“ Diese kam wieder zurück und meldete: „Das stimmt nicht, da sand nur zwoa drinn!“ Die Schwester deutete nach oben und sagte: „Oben sind auch noch zwei.“

Also holten sie tief Luft und öffneten abermals die Tür. Sie hörten tiefes gleichmäßiges Schnarchen. Bis jetzt hatte sie keiner von den vieren bemerkt. Tastend fanden sie den Lichtschalter -- düsteres, dämmeriges Licht fiel in das Abteil.

Da bot sich ihnen ein Anblick, den sie wohl nie mehr im Leben vergessen werden:

– In den zwei unteren Etagen links und rechts lagen zwei „beleibte“ Brüder und schnarchten.

– Die zwei mittleren Etagen links und rechts waren frei – frei auch von jedem Komfort, d. h.: keine Decke, kein Polster, NICHTS, nur die harten Liegen!

– In den zwei oberen Etagen links und rechts lagen ebenfalls zwei Brüder – auf den ersten Blick „Leichtergewichtige“.

Der Geruch im Raum war für Nonnen sehr ungewohnt - wohl schon das Resultat einer langen Schlafreise von Norddeutschland her. Um etwas Sauerstoff zu bekommen, mußten sie das Fenster öffnen, was ihnen allerdings gleich wieder verging, denn ohne „Zudeck“ wurde es ihnen bald zu kalt. Also richteten sie sich nach dem Motto: „Erstunken ist noch niemand, aber erfroren schon.“

Der äußere Umstand der Nonnen ist wohl leichter zu beschreiben als ihr innerer.

Fing eine von beiden nur ein wenig an, über diese komische Lage nachzudenken, so war das Lachen nicht mehr zu halten. Sie lagen in ihren Betten und schüttelten sich vor Lachen. Wohl eine halbe Stunde wechselten sie sich damit ab, als allmählich die „beleibteren Brüder" (untere Etage) wach wurden. Der eine links lachte mit, dass der Bauch auf und ab tanzte, der andere rechts öffnete sich eine Bierdose und fing ebenfalls zu lachen an.

Vorsichtshalber, um die Lage gut zu überblicken, hatten die Schwestern das Licht brennen lassen.

Auf einmal wurde der Bruder links oben wach, murmelte verärgert, ohne vorerst die Augen zu öffnen, im deutschen Akzent: „Bruder Ansverus, gib endlich Ruh!"

Auf eine erneute Lachsalve öffnete er die Augen, sah eine Nonne schräg unter sich liegen, eine Nonne also, und schrie: „Ach, um Himmels willen!" Dabei drehte er sich sofort wieder zur Wand und hüllte sich mit Nachdruck in seine (und der Schwestern) Decke ein.

Bis heute, so steht im Bericht der Schwester, die ihn zur Verfügung gestellt hat, habe sie nie mehr so viel Tränen gelacht!!!

Erster Klosterlanglaufwettbewerb

Der neu ernannte Ordinariatskanzler kam zu Besuch in die Filialen der Halleiner Schwestern. Es war Winter, und in Tamsweg im Lungau dauert er länger als in anderen Salzburger Gauen. Irgendwie kamen sie auf den Wintersport zu sprechen.

Kanonikus Hofer erzählte den Schwestern, dass er letzte Woche im Mutterhaus gewesen war. Ob sie denn schon wüßten, dass die Schwestern im Mutterhaus langlaufen würden – wenn er es nicht selbst gesehen hätte, würde er es nicht glauben. Eine glaubte ihm jedoch nicht! Er sagte, sie könne ja die Novizenmeisterin anrufen, die sei dabei gewesen.

Nachdem er gegangen war, rief die ungläubige Schwester bei der Novizenmeisterin an, und da stellte sich heraus, dass kein Beistrich an dieser Sache stimmte.

„Na warte“, dachte sie sich – „Du wirst noch von mir hören!“

Solche „Ereignisse“ beflügelten ihre Fantasie. Also fing sie an, Briefe zu schreiben mit folgendem Inhalt:

- Einladung zum 1. Klosterlanglaufwettbewerb
- Bitte um die Übernahme bestimmter Aufgaben wie:
- 1. Startschuß
- 2. Ehrenschutz etc.
- Bezüglich der Eintragung in die Nennungsliste und organisatorischer Fragen mögen sich die Adressaten an Herrn Kanonikus Dr. Hansjörg Hofer wenden. Denselben hatte sie über die Aussendung der Briefe und deren Inhalt nicht informiert.

Adressaten waren größere und kleinere „Würdenträger“ der Kirche. Unter anderem schrieb sie auch eine Einladung mit der Bitte um den 1. Ehrenschutz an Weihbischof Jakob Mayr.

Bei so einem historischen Ereignis war es wichtig, den „Sanktus der Kirche“ zu haben, schließlich ist die Gemeinschaft der Halleiner Schwestern dem Bischof rechtlich unterstellt.

Des Bischofs Antwort ließ nicht lange auf sich warten:

Februar 1993

An die Hochehrwürdige Schwester Namlos im Krankenhaus Tamsweg

Betrifft: 1. Klosterlanglaufwettbewerb, 1. Ehrenschutz

Ehrwürdige Schwester Namlos!

Für den Brief in der betreffenden Angelegenheit und für das ehrende Angebot des 1. Ehrenschutzes über die erstmalige und außerordentlich bedeutsame Veranstaltung danke ich in geziemender Ehrfurcht und Dankbarkeit.

Obwohl ich ansonsten auf Grund meiner persönlichen Verfaßtheit (sprich: Schüchternheit) derartige Angebote nicht anzunehmen pflege, habe ich mich nach reiflicher Überlegung und intensiver Beratung vor allem mit Hwst. Herrn Kanonikus Dr. Hansjörg Hofer doch entschlossen, dieses Angebot, den Ehrenschutz für dieses Jahrhundertereignis, zu übernehmen.

Freilich sehe ich mich gezwungen, einige Bedingungen zu stellen. Ich möchte diese in geziemender Form und mit dem nötigen Respekt vorbringen.

1. Bedingung: Es möge mir zugestanden werden, dass ich den Startschuß abgebe. Da aber meine Zielsicherheit beim Schießen mit Platzpatronen wegen fehlender Übung zu wünschen übrig läßt, müßte ich eine entsprechende Zeit und einen passenden Ort für das unbedingt notwendige Training finden. Mein Vorschlag wäre, dass ich in der Nacht vor dem denkwürdigen Ereignis des 1. Klosterlanglaufwettbewerbes jeweils um 1 Uhr, 2 Uhr, 3 Uhr, 4 Uhr und 5 Uhr vor dem Fenster der Klausur im Krankenhaus Tamsweg wenigstens 10 Schuß abfeuern darf.

2. Unter Ehrenschutz verstehe ich, dass es mir auch zustünde, bei diesem 1. Klosterlanglaufwettbewerb die, die als letzte durch das Ziel geht, als die Siegerin zu deklarieren

getreu dem Wort: DIE LETZTEN WERDEN DIE ERSTEN SEIN.

3. Eine entscheidende Bedingung ist folgende: Es muß mir zugestanden werden, dass ich nicht auf Skiern stehen muß. Dieser Gedanke würde mir Alpträume verursachen in Erinnerung an meine gefährlichen kindlichen Versuche mit „Panzendauben und Stricken", die, wie es den Anschein hat, trotz allem gut ausgegangen sind, weil ich mit dem Leben davongekommen bin.

Wenn diese meine untertänigst vorgebrachten Bedingungen, von denen ich aber nicht gesonnen bin, abzugehen, angenommen werden sollten, gedächte ich auch, Ihr so ehrendes Angebot anzunehmen.

In der Annahme, dass selbiges geschieht, wünsche ich schon jetzt ein erfolgreiches, unfallfreies Training, viel Humor und gesundheitlichen Aufschwung.

Mit untertänigsten Grüßen
† Jakob Mayr
1. Ehrenschütz(er)

Die Igeljagd im Niedernsiller Altenheim

Sr. Purissima, gewesene Oberin im Altenheim Niedernsill, hatte einst gar arg gegen die Mäuseplage zu kämpfen. In ihrer Not wollte sie schon aufs Gemeindeamt gehen, einige Igel zu erbitten, die sich der kleinen Nagetiere vertilgend annehmen sollten.

Eines Abends nun, es war schon gehörig dunkel, beim Zumachen des Hühnerstallriegels sticht sie unversehens etwas in den Finger. Sofort begreift sie, dass es ein Igel sein müßte, der in den Hühnerstall geraten war.

Eilig holt sie sich männliche Hilfe und eine Kehrschaufel, um den kostbaren Igel in den Keller zu befördern, wo dieser den grauen Käsefreunden den Garaus machen sollte.

Vorsichtig rollt ihn der Michl mit dem Bartwisch auf die Kehrschaufel und transportiert ihn schonendst in Richtung Keller – Sr. Purissima aufgeregt und glücklich hinterdrein.

In diesem Moment fällt der Schein der Hausbeleuchtung auf die kostbare Fracht. Da befällt den Michl ein heftiges Schütteln, schreiend und laut lachend läßt er alles fallen, packt die verdutzte Sr. Purissima und rennt mit ihr hinters Hauseck, um sich gehörig und unbeobachtet von der Strapaz zu erholen.

Statt eines Igels befand sich ein alter, abgebrochener Klobesen auf der Kehrschaufel, dessen Borsten durch das „Alter“ dementsprechend hart und spröde geworden waren.

Trotz der Heimlichkeit des Geschehens gelangte es an die Öffentlichkeit, was Sr. Purissima noch lange viele Gratulationen zur „Igeljagd“ einbrachte.

Vom Hunger einer Klosterschwester

Es war vor den Exerzitien, zur Jahreswende. Eines Nachts,
da fühlte ein Schwesterchen: Ihr Mund ist trocken und im Magen,
da kracht 's!
Und es fiel ihr im Halbschlaf, Gott sei's gedankt, ein,
dort am Tischchen da müßt doch noch so ein schokoladener Krampus
sein!
Nach diesem griff nun tastend ihre weiße Hand,
und brach ihm ab vor Hunger Händ, Füß' und alles Gewand.

Sie biß ganz herzhaft hinein und begann zu schlecken,
als sie gewahr wurde, dass Schokolade wohl anders müßt schmecken!
Ganz irritiert drückt sie nun doch auf den Lichtschalter hinauf,
und fährt vor Entsetzen und Scham aus dem Bette nun auf!
Statt dem Krampus hat sie ihrem Jesuskind aus Wachs die Glieder
abgenommen,
da sind dem armen Schwesterchen die Tränen gekommen.
Erst als am nächsten Tag sie dann erzählte ihre nächtliche Tat

und von der Gereralob'rin die Absolution ganz zerknirscht dann erbat,
da wurd' ihr wieder froh ums Herz,
und nach des Exerzitienleiters Deutung verschwand im Nu jeglicher Schmerz:

Denn es ist in Wahrheit wirklich nicht vermessen,
dass wir bei der Hl. Messe die Gestalt unsres Heilands dürfen essen!

Das richtige Reiseziel

Die Schmutzigen nach Baden,
die sehr Schmutzigen nach Baden-Baden,
die Hungrigen nach Island,
die sehr Hungrigen nach Friesland,
die Frommen nach Kirchberg,
die sehr Frommen nach Heiligenstadt,
die Glatzköpfigen auf den Kahlenberg,
die Köchinnen nach Weidlingau,
die Kuhmägde nach Melk,
die Reichen nach Stift Reichersberg,
die Fleischer nach Darmstadt,
die Nachtwandler nach Mondsee,
die Verliebten nach Küssnacht,
die Bischöfe nach Bischofshofen,
die Pfarrer nach Pfarrwerfen,
die Kranken nach Spittal,
die Alten nach Altenmarkt,
die Schüsselanhänger (Vizekanzler) nach St. Wolfgang.

Zwei Gedichte

Folgende zwei Gedichte sind mir von Sr. Helene übermittelt worden – einer rüstigen 80-erin – allerdings äußerst schwerhörig, wie beim ersten Gedicht die Folgen mit Humor zeigen.

Die Beichtgnad

1) Einst bin i vor sieben Jahren
mit an Pilgerzug noch Lourdes g'fahrn.
Und bei dera Fahrerei
kommen wir in Einsiedeln vorbei.
So gänzlich demütig und fromm
san mir donn in die Kirch einzog'n.

2) Da fallt mir halt ein im Gebet,
wonn i do à G'legenheit zan Beichtn hätt!
Denn wenn ma so auf ana Wallfahrt is,
denkst, ob Dei Inneres eppa wohl gonz sauba ist?
Über monches druckt Di donn 's Gwissen,
man möchte den Gottesfriedn jo nöt missen.

3) So schleich i in an Beichtstuihl nei
und denk, des wird'hiatz da rechte sei.
Da Pater war scheint's nit erbaut,
er sagte: „Sprechen's nicht so laut!"
Gwiß hot er mi schön belehrt,
oba leider hob i nix mehr g'hört!

4) Dös war mir z'wenig, ehrlich g'sagt,
drum hob i's in Lourdes donn noch amol g'wagt.
Aba in Lourdes is des nit so oanfoch grod,
wenn's da verdiena mechst so große Gnod.
De Zeit vageht as wia da Wind,
bis ma so an Beichtstuihl findt-
wo deutsch drauf steht,
jo fast a gonze Ewigkeit vageht.

5) Do schiabt oana den Vorhong ausanond,
und fuchtelt uma mit oana Hond,
Jo, er mocht den Finga krumm,
des hoaßt ja wohl: kimm eina, kum!

Und dass i kunnt de Gnod erlonga,
bin halt hurtig einigonga.

6) Und denkt's enk nur - er sagt genau,
wia da Pater Bonifaz in Abtenau:
Voill Demut und Geduld soillst sei,
'donn kumst gwiß in Himmel nei'!

7) Hiatzt bin i do noch Lourdes g'foahrn
und wollt amol was Neu's erfoahrn!
Oba, ob i jetzt in Lourdes bin oder in Abtenau,
da liabe Gott - Er woaß genau,
wos fehlt - und fahrat'st gar ins Heil'ge Land,
so bist IHM dort halt ebenso bekannt.
Drum, wonn i wieda auf a Wallfahrt geh,
'dann beicht i vorher - ohne Schmäh!

Meine Alterserscheinungen

Für Kontemplation war i nia recht begabt,
drum hob i koane Erscheinungen g'habt.
Und kemman jetzt so monche „Erscheinungen" daher,
sogt mei Oberin, des san Alterserscheinungen, aber nit mehr!
Wenn ma zum Beispiel monches verliert,
ist für mi des a Fest, wanns wieda g'fundn wird.
Anders is des halt scho bei de Augn,
wenn oan auf amol die Brilln nimma taugn.
Und wirst erst gar am Star operiert,
donn dauerts long, bis' wieder gscheita wird!
Des mocht oan bei da Orbeit sauba vül Muckn,
du derfst jo nix hebn, du derfst de nit buckn!

Neulich hob i denkt, wo de Zähn eppa wohl steckn,
und denkt's euch - im Mund drin do konnt ich's entdeckn!

Donn suach i de Brilln de längste Zeit,
derweil warns im Etui drin und gor nix hot gfeit.

Neugierig bin i nit, wos alls no kimmt daher,
des Alt-Werdn sog i enk, des is a Mahlheur.
Drum denk i mir allweil, wärs Heimgehn a Gnad';
oba wer woaß, wos da Herr Jesus no alls im „Hinterhalt" hat?
Denn i glab jo mei Lebtog nit dron,
dass akkurat i kam so ung'schorn davon!

Fledermäuse

Eine neue Festmesse sollte das pfingstliche Hochamt verschönern. Lange schon wurde geprobt, und nun war es so weit.

Sr. Epiphanie, die Organistin, zog die Register, und der Orgelklang füllte den Kirchenraum. Das Kyrie und das Gloria klang aus vollen Kehlen. Während die Lesung vorgelesen wurde, bereiteten sich die Sänger vor auf das „Komm, o Heiliger Geist". - Und da geschah es: Sr. Epiphanie trat unversehens auf ein altes Pedal, das seit Jahren nicht mehr benutzt wurde. Eine Staubwolke stieg auf, zwei Fledermäuse wurden aufgeschreckt und suchten das Weite. In ihrem Schrecken steuerten sie den dunkelsten Platz an, und das war die Ordenskleidung der Organistin.

Verzweifelt klammerten sie sich an und Sr. Epiphanie starrte gebannt auf die Biester.

Die Chorsänger, die im ersten Schrecken hinter die Orgel geflüchtet waren, kamen neugierig hervor und kicherten verdutzt: „Der Heilige Geist is scho do". Jetzt war der Bann gebrochen. Die ersten fingen an zu lachen und bald krümmten sich alle Chorsänger bei diesem Anblick.

Die Predigt des Pfarrers neigte sich dem Ende zu, und bald würde das Credo angestimmt werden. Einer der Mutigsten faßte mit Handschuhen die ungebetenen Gäste, die sich noch mit letztem Widerstand an den langgezogenen Stofffäden festhielten, und steckte sie in eine Holztruhe.

Alle atmeten auf und der Pfarrer sang: „Credo in unum Deum".

So nahm die Festmesse doch noch ein glückliches Ende.

Redemptoristen

Am Ursprung der Kongregation vom Heiligsten Erlöser, der Redemptoristen, steht der heilige Alfons von Ligouri. 1732 gründete er vor allem für die seelsorglich vernachlässigte Landbevölkerung im Königreich Neapel die Kongregation der Redemptoristen. In der konsequenten Nachfolge Jesu, den Armen das Evangelium zu bringen, entfaltete der heilige Alfons als Volksmissionar, als Moraltheologe, als geistlicher Schriftsteller und auch als Künstler seine Gaben.
Nach großen Bemühungen vom hl. Klemens M. Hofbauer wurden kurz nach seinem Tod 1830 in Österreich die Redemptoristen als Orden zugelassen. Von Wien aus verbreitete sich die Gemeinschaft in vielen Ländern Europas und auch in Nordamerika. Zur Wiener Provinz gehören gegenwärtig 8 Klöster in Österreich mit knapp 90 Mitgliedern.

Menschliches und allzu Menschliches

1985 wurde der Redemptoristenpater Andreas Hiller zu zwei sehr frommen Damen zu einem Versehgang gerufen. Als er in die Wohnung kam, sah er keinen Kranken. Auf seine Frage, wem er denn die Krankensalbung geben sollte, führten sie ihn in das Schlafzimmer, wo der Kater Kasimir still im Bett lag. „Herr Pfarrer, geben Sie ihm die Letzte Ölung. Er ist so krank, vielleicht hilft es ihm." Auf seine entrüstete Feststellung, dass doch die Sakramente zum Heil der Menschen sind, meinten sie: „Unser Kater Kasimir ist frömmer als viele aus Ihrer Pfarrgemeinde." Am nächsten Tag berichteten sie ihm, der Kater habe am Abend zweimal fromm das Kreuz über dem Bett angeblickt, den Kopf gesenkt und sei dann friedlich verstorben.

Da wir schon bei der Katze sind: Einmal erwischte P. Hiller eine Frau, – sie führte übrigens immer ihre Katze in einem Kinderwagen spazieren - wie sie ihr geliebtes Tier im Weihwasserbecken hinten in der Kirche badete. Auf seine Vorhaltung meinte sie: „Herr Pfarrer, sie ist mir immer davongelaufen, aber seit ich sie im Weihwasser bade, bleibt sie bei mir zu Hause.“

Streit

Zwischen zwei Nachbarsfamilien, die seit Jahren verfeindet waren, sollte der Streit durch den Pfarrer geschlichtet werden. Da sagte der eine Mann zu ihm in sehr resolutem Ton: „Herr Pfarrer, wenn wir uns jetzt versöhnen, wozu hätten wir dann die ganzen Jahre über gestritten?“

Anfang der Siebzigerjahre gab es noch viele Zimmer-Küche-Wohnungen mit dem WC am Gang, das von mehreren Parteien benutzt werden mußte. Eine Frau stellte ihr übrig gebliebenes Sonntagsschnitzel zur Kühlung in einer Schüssel ans WC-Fenster. Am Abend war das Schnitzel verschwunden. Das konnte nur die Nachbarin gewesen sein, die mit der Frau das WC teilen mußte. Die Nachbarin leugnete jedoch. Bitterer, monatelanger Streit war die Folge. Mit einer Flasche Wein und zwei saftigen Schnitzeln aus der Klosterküche der Redemptoristen konnte P. Hiller den Frieden stiften. Da es jedoch einen Schuldigen geben mußte, wurde eine Niederschrift aufgesetzt, von beiden Frauen und vom Pater unterschrieben, mit folgenden Worten: „Die Katz‘ ist es gewesen“.

Schnee

Winter 1992: Über Nacht gab es Schnee. Vor der Frühmesse schaufelten die Redemptoristenpatres den Schnee vor der Kirche weg. Eine Dame, die mit dem Zweiten Vatikanischen Konzil gar nicht einverstanden war, blieb bei einem der

Patres stehen und schaute ihm einige Minuten zu, wie er sich mit dem Schnee abplagte. Dann meinte sie, mit einem frommen Stoßseufzer die freigeschaufelten Stufen zur Kirche hinaufeilend: „Das habt's von eurem Sch... Konzil. Jetzt predigen die Laien in der Kirche und die Pfarrer müssen Schnee schaufeln."

Als übrigens P. Higatzberger einmal Schnee schaufelte, blieb auch ein Passant vor ihm stehen, schaute ihm lange zu und sagte dann mitfühlend: „Gelt, wennst in der Jugend wos g'lernt hätt'st, brauchast jetzt net Schnee schaufeln."

Badezeit

Eine bettlägrige Frau im Altersheim Lainz, die regelmäßig von ihrem Pfarrer besucht wurde, klagte ihm, dass sie letzten Freitag von einem jungen Zivildiener gebadet worden sei. Das war ihr zutiefst zuwider: erstens das Baden und zweitens der junge Mann. Als er sie am Sonntag darauf wieder besuchte, sagte sie strahlend: „Ich habe eine Novene zum heiligen Antonius gemacht und der heilige Antonius hat geholfen. Der junge Mann hat mich bis zum Bad geführt, aber dann ließ er mich allein." So entkam sie dem Bade. Was allerdings erst später in Erfahrung gebracht wurde: Sie steckte dem Zivildiener jedesmal hundert Schilling zu, damit sie nicht baden mußte.

Einbrechender Pater

Eine Frau hatte sich aus der Wohnung ausgesperrt. Um elf Uhr in der Nacht kam sie in den Pfarrhof. „Herr Pfarrer, können Sie mir helfen? Ich habe mich hinausgesperrt, ich brauche eine lange Leiter. Das Fenster zur Straße im ersten Stock ist offen." So schnappte der Pater die Leiter und marschierte in die Rötzergasse. Gerade als er oben in das Fenster einsteigen wollte, kam die Polizei, die ein Nachbar verständigt hatte. Auf die Aufforderung „Kommen Sie herunter" rief der Pater zurück: „Ich bin der Pfarrer von Hernals, kein Einbrecher, ich helfe nur.“ Darauf der Polizist: „Wenn Du der Pfarrer von Hernals bist, bin ich der Kaiser von China. Komm herunter!“ Einer Verhaftung konnte er nur deswegen entgehen, weil die Frau und durch den Lärm herbeigeeilte Nachbarn seine Identität bestätigten.

Heiraten und so ähnliches

In der Marienkirche war eine große Hochzeit mit allem Drum und Dran. Der kleine vierjährige Bruder der Braut, ein Nachzügler, war sehr traurig, dass seine geliebte Schwester ihm weggenommen wurde. Als Trost durfte er das Polsterl mit den Ringen tragen. Die Braut war so aufgeregt, dass ihr bei der Ringübergabe der Ring entglitt und zu Boden fiel. Alle suchten aufgeregt – Trauzeugen, Bräutigam, Ministranten –, der Ring wurde nicht gefunden. Nach der Trauung, bei der Gratulation vor der Kirchentür, zeigte der Vierjährige seiner Mutter stolz seine Hand mit dem Ring am Finger: „Gelt, Mama, jetzt gehört die Braut mir.“

Goldene Hochzeit. Der Jubilar war sehr schwerhörig. Bei der Erneuerung des Ehekonsenses reagierte er auf die Frage des Paters „Willst du weiterhin treu zu deiner Frau stehen?“ nicht. Seine Frau flüsterte ihm zu: „Sag ja!“ Nachdem er nach zweimaliger Aufforderung nicht reagiert hatte, stößt sie ihn in die Seite und schreit ihm in‘s Ohr: „Sag‘ endlich ja!“ Darauf er: „Na, wennst meinst, sag ich halt ja.“

Einen alten Hernalser, der zu Lebzeiten seiner Frau nichts zu reden gehabt hatte, aber jetzt, da er alleine war, unter der Einsamkeit sehr litt, wurde vom Pater gefragt, ob er nicht heiraten wolle. „Na“, kam spontan die Antwort, „wer ein zweites Mal heiratet, der ist es nicht wert, dass ihm die erste gestorben ist.“

Im Seniorenclub der Redemptoristenpfarre gab es ca. 50 Frauen und immer nur eine „Handvoll“ Männer; alleinstehende Männer waren es überhaupt nur zwei. Eine Besucherin des Klubs, 75 Jahre alt, sagte eines Tages: „Herr Pfarrer, wissen S' ma kann Mann, i brauch dringend an Mann!" Auf die Frage „Wollen Sie jetzt noch heiraten, und welche Qualitäten soll denn dieser Mann haben?", antwortete sie: „Er braucht nichts mehr zu können, gar nichts. Nur – radfahren müßte er können. Wissen S', i fahr' jeden Tag mit dem Fahrrad in meinen Garten und da brauch' ich jemand, der mir den Weg hinauf das Fahrrad schiebt."

Eine Woche vor der Goldenen Hochzeit, beim Durchbesprechen des Ablaufs, saßen Jubelpaar und Pfarrer am Küchentisch. Der „goldene Bräutigam" schälte Kartoffel, die „goldene Braut" hantierte am Herd und meinte: „Wissen S', Herr Pfarrer, in all den Jahren haben wir zwei nie Streit gehabt. So wie heute bei den jungen Leuten – Zwietracht und Streit – das gab's bei uns nicht. Wir haben nie gestritten." Darauf der goldene Jubilar leise über den Tisch: „Aber ich hab' auch nie was zu reden g'habt."

Alterserscheinungen

Eine sehr rüstige Dame, die anläßlich ihres 85. Geburtstages vom Pfarrer besucht wurde, meinte zu ihm: „Um mich, Herr Pfarrer, brauchen Sie sich nicht zu kümmern. Aber wissen Sie, um die Alten, um die müssen Sie sich annehmen."

Gotteslob und so weiter...

Der ehemalige Organist war mit der Einführung des neuen Liederbuches „Gotteslob" überhaupt nicht einverstanden und mit der Anschaffung einer neuen Orgel schon gar nicht. Als die neue Orgel mit ca. 30 Registern geplant wurde, meinte er: „Für das Lob Gottes ist die neue Orgel viel zu klein, und für's neue 'Gotteslob' brauchen wir keine neue Orgel, da ist die alte noch viel zu gut!"

Die Christmette in der Marienkirche war immer sehr gut besucht. Früher wurde sie um Mitternacht gefeiert. Da kam es öfters vor, dass schon einige Besucher durch die lange häusliche Feier zuviel getrunken hatten und daher bei der Mette friedlich entschlummerten oder gut aufgelegt waren. Ein Höhepunkt ist jedesmal das gesungene „Stille Nacht, heilige Nacht“. Eine Zeitlang wurde es bei der Gabenbereitung vor der Wandlung gesungen. Der „Pepi“ war ein Stammgast – meistens schon voll illuminiert – bei der Christmette. Als nun das Lied verklungen war, die Glocken zur Wandlung läuteten und alle niederknieten und im andächtigen Schweigen verharrten, hörte man den „Pepi“ mit kräftiger, lauter Stimme weitersingen: „Alles schläft, nur der Pepi wacht.“

Bei der Messe um 9 Uhr 30 versucht Pater Hiller gerne auf die vielen Kinder einzugehen, die sich um den Altar versammeln. Eines Tages wollte er den Kindern die Gotteskindschaft und Gemeindezugehörigkeit am Beispiel der Taufe erklären. „Wer weiß denn, was das erste Sakrament ist, das den Menschen gespendet wird?“ „Die Taufe, die Taufe!“ „Sehr gut, liebe Kinder. Na, was ist denn eigentlich die Taufe? Wer weiß das? Was passiert denn da?“ Schweigen in den Bänken. „Wer kann sich an seine Taufe erinnern?“ Der kleine Markus schießt heraus: „Ich, Herr Pfarrer.“ Da dieser von ihm vor sechs Jahren als Baby getauft worden war, fragte er ihn erstaunt: „Na, wie war ‘s denn?“ Markus: „No, es war net so arg.“

Barmherzige Schwestern vom hl. Vinzenz von Paul, Wien

Gedrängt von der Not durch die Cholera und besorgt um das Seelenheil der Kranken berief Kaiserin Karolina Augusta im Jahr 1832 Barmherzige Schwestern vom hl. Vinzenz von Paul nach Wien.
Die Schwestern wollen aus der Kraft des Glaubens ihre Berufung leben: den Menschen Hoffnung und erbarmende Liebe schenken in ihren vielfältigen Nöten.
Ihren Dienst versehen die Schwestern in sozial-caritativen Berufen bei Kranken, Alten und Kindern. Die Tätigkeit umfaßt den Dienst in drei Krankenhäusern, in zwei Schulen, in sechs Altenheimen, in der ambulanten Kranken- und Altenpflege, in Krankenpflegeschulen, Kindergärten, Kinderheimen, bei der Jugendarbeit, im Kinderdorf als Kinderdorfmutter und in allen Hauswirtschafts- und Verwaltungsbereichen.

Exerzitienkurs

Aus Platzmangel mußten einige Schwestern mit der Bahn fahren, nur die Koffer konnten im Bus mitgenommen werden.

Die Fahrt verlief ruhig und gut, bis sich plötzlich Stimmen hinten im Kofferraum bemerkbar machten. Aber noch nicht genug: Diese mysteriöse Unterhaltung hinter dem Rücken aller verlief unter Musikbegleitung. Der Chauffeur machte halt, um nachzusehen, wer sich denn da so unbemerkt eingeschlichen haben könnte. Er fand nichts anderes als die in Wien eingeladenen Koffer. Aber woher kamen die Stimmen und woher diese immer lauter werdende Musik? Siehe da – aus einem Koffer!!

Nun war das Rätsel gelöst: Ein Radio mußte hier beigepackt sein, aber gerade in jenem Koffer, dessen Besitzerin mit dem Zug unterwegs und hier nicht anwesend war, um den versperrten Koffer öffnen zu können. Eigentlich war es nicht erlaubt und gewünscht, bei Exerzitien, wo man sich in Stille zurückziehen sollte, Radio zu hören.

Im Bus konnte es ja noch zur Unterhaltung dienen. Aber wie diesen Koffer dann im Haus und auf den Gängen unbemerkt an Ort und Stelle bringen? Jede Schwester scheute sich, diesen Koffer durch die „Heiligen Hallen" zu tragen. Die Sr. Oberin war dann die Mutige, die herzhaft zugriff und ein ganz ungewohntes Tempo einlegte.

Schlafenszeit

Eine Postulantin berichtete in einem Brief an ihre Verwandten über den Tagesablauf im Kloster: Aufstehen um 4 Uhr 45, dann Morgengebet in der Kirche. Anschließend eine halbe Stunde Schlafen (Betrachtungszeit) und dann Heilige Messe.

Krankenbesuch

Eine Schwester, die täglich mit Finanziellem (und Begleichung von Rechnungen) zu tun hatte, besuchte eine Mitschwester im Krankenhaus, wo die Patientin unter anderem auch meinte: „Der Zucker ist auch wieder gestiegen." Worauf die Besucherin sagte: „So, ist er schon wieder teurer geworden?" Die Patientin hatte natürlich ihren Blutzuckerbefund gemeint.

Rasche Abhilfe

Es war bischöfliche Visitation, wozu zwei Schwestern angefordert wurden, um in Haus und Küche nach dem Rechten zu sehen.

Durch die Unaufmerksamkeit eines Ministranten passierte

es, dass eine Kerze stark abtropfte und dies zu allem Unglück auf die Hose des Zeremoniärs, noch dazu auf die „Sitzfläche", wo es ziemlich ins Auge fiel.

Wie nun dem Ganzen abhelfen, wenn es keine Reservehose gab?

Findig, wie die Schwestern immer sind, erwärmte eine Schwester das Bügeleisen, holte ein Löschblatt und ersuchte den Zeremoniär, eine gebückte Stellung einzunehmen, um an diesem allerwertesten Körperteil das Wachs entfernen zu können. Glaubhaften Berichten zufolge ist es ohne Brandwunden geglückt.

Schlagfertig

Eine ältere Schwester wollte sich von einem Bahnbediensteten nähere Auskunft erbitten über Bahnsteig, Anschluß usw., worauf der Schaffner, dem dieser Zeitaufwand augenblicklich nicht ins Programm passte, nur die kurze Antwort „Das weiß i net" gab.

Mit einem Fingerzeig auf den Kopf meinte die Schwester in höflicher Form darauf: „Aha, da muß i an gscheitern fragen!" Auf diese Reaktion hinauf kam derselbe Schaffner zurück, zückte seinen Fahrplan und erteilte dann der Schwester mehr Auskunft, als sie wollte und brauchte.

Pfiffig

Mehrere der älteren Schwestern gingen in die Messe um 7 Uhr morgens. Schon während des Evangeliums machte sich ein widerlicher Pfeifton bemerkbar, der die ganze Messe hindurch andauerte. Sr. Maria Gertrudis schöpfte den Verdacht, dass Luft in den Heizkörpern dies verursachen könnte. Gleich nach dem Gottesdienst verständigte sie den Heizer, dass er nachsehen möge.

Die Schwestern gingen dann zum Frühstück. Im Refektorium war nun wieder derselbe ärgerliche Ton hörbar. Sr. Ephrema durchschaute die Sachlage sogleich und ging auf Sr. Henrika zu. Mit einem sicheren Griff auf das Ohr schaltete sie den Hörapparat aus. Und es ward Stille.

Augustiner-Chorherrenstift Reichersberg

Das Augustiner Chorherrenstift Reichersberg wurde im Jahr 1084 durch den Edlen Wernher von Reichersberg und seine Gattin Dietburga nach dem Tod ihres einzigen Sohnes, als Stiftung zu Ehren des hl. Michael gegründet. Seit dieser Zeit besteht das Kloster in ununterbrochener Folge. Dem Konvent gehören derzeit 24 Mitglieder an. Schwerpunkt des Klosters ist die Pfarrseelsorge mit 11 inkorporierten Pfarren in den Diözesen Linz und Wien. Zusätzlich werden 5 Diözesanpfarren seelsorglich mitbetreut sowie zwei Gefangenenhäuser. Im Stift ist seit 30 Jahren ein Bildungszentrum für Erwachsenenbildung eingerichtet. Der Leitsatz „Mit Freude leben“ soll immer wieder Wegweiser für den Alltag sein.

Vorstellungsgespräch

Propst Odulf Danecker war in der Zeit des II. Weltkrieges Kaplan in Pitten und unterrichtete Religion. Die Hauptschulklasse, in die der heutige Bürgermeister von Pitten, Kurt Schagerer, ging, war durch Heimaufenthalte und Kriegsspiele ziemlich verwildert. Zudem waren die Väter an der Front und die Mütter im Rüstungseinsatz. Die Klasse konnte daher nur mühsam gebändigt werden. Als Bürgermeister Schagerer seinen Antrittsbesuch bei seinem früheren Kaplan, dem späteren Prälat Odulf Danecker, machte, entwickelte sich folgendes Gespräch zwischen beiden: Propst Odulf: „Herr Bürgermeister, als Jahrgang 1930 sind Sie ja bei mir in die Schule gegangen?“ Bügermeister (etwas kleinlaut): „Ja, hochwürdiger Herr Prälat.“ Propst Odulf: „Sie waren sicher ein guter und braver Schüler?“ Bürgermeister (etwas lauter): „Meine Lehrer haben immer das Gegenteil behauptet!“ Propst Odulf: „Sie haben aber von mir keine Ohrfeige bekommen?“ Bürgermeister (befreit): „Nicht eine, sondern mehrere, aber jede einzelne habe ich mir ehrlich verdient.“ Das Gespräch endete mit einem befreienden Lachen.

Glaube und Hoffnung

Pfarrer Ambros lag in einem Wiener Spital, wo ihm Gallensteine entfernt worden waren. Als dies der Bürgermeister erfuhr, besuchte er mit seinem Vizebürgermeister den Herrn Pfarrer. Nachdem die extrem großen Gallensteine bewundert worden waren, wurde das Mitbringsel, eine Kiste erlesenen Weines, überreicht. Pfarrer Ambros dazu mit schwacher Stimme: „Wer wird diesen trinken?“ Darauf der Bürgermeister: „Wir werden den Wein in einigen Wochen gemeinsam im Pfarrhof trinken“. So geschah es dann auch.

Don Camillo und Peppone in Pitten Beginn einer Freundschaft

1961/62 gab es durch verschiedene Turbulenzen einen Wirbel im Gemeinderat, der mit der Zurücklegung von Mandaten, der Auflösung des Gemeinderates und einer Neuwahl im März 1962 enden sollte. Um den später gewählten Bürgermeister hatte sich eine junge Gruppierung gebildet, die in einem aggressiven Wahlkampf ihr Zukunftsprogramm vorstellte. Diese Entwicklung wurde von älteren Gemeindebürgern mit Sorge betrachtet. So war es kein Wunder, daß neben den etablierten Parteien erstmals eine unparteiliche Namensliste, die vom zurückgetretenen Bürgermeister angeführt wurde, kandidierte. Pfarrer Ambros, ein Freund des abgetretenen Bürgermeisters, war mit dem aggressiven Auftreten der „Jungen“ nicht einverstanden. So hielt er am Wahltag eine Predigt, in der er seine Sorge um die Zukunft kundtat und die Leute bat, bei der Wahl katholisch zu wählen. Die Jungen erhielten die Mehrheit. Als sich Pfarrer Ambros und der heutige Bürgermeister nach der Wahl begegneten, ging der Bürgermeister auf den Pfarrer zu und bedankte sich dafür, daß der Herr Pfarrer sogar in der Kirche für ihn Reklame gemacht habe. Pfarrer Ambros fragte verdutzt: „Wieso ich?“ Darauf der neue junge Bürgermeister: „Herr Pfarrer, Sie haben den gläubigen Pittnern empfohlen, katholisch zu wählen. Ich bin Katholik und danke recht herzlich für die Unterstützung“. Zurück blieb ein sehr nachdenklicher Pfarrer Ambros.

Der Herrgott möge mir verzeihen - und das zweimal

Der derzeitige Pfarrer von Pitten, Herr Georg, war viele Jahre Kaplan im Ort. Manchmal stimmte seine Privatkasse nicht. Er konnte aber nie eruieren, warum ihm fallweise ein oder mehrere Hunderter fehlten. Eines Tages wurde er zum zuständigen Gendarmerieposten gerufen. Dort befanden sich einige Erhebungsbeamte und ein Sandler. Erst dort erfuhr Kaplan Georg, daß dieser Sandler immer wieder seine Wohnung heimgesucht und Geld geholt hatte. Empört ging Kaplan Georg auf den Sandler zu und versetzte ihm mit den Worten „Unser Herrgott möge mir verzeihen!“ eine schallende Ohrfeige. Diese Ohrfeige hatte, wie berichtet wurde, mehr erzieherische Wirkung als die 27 Vorstrafen, auf die es der Mann bis dahin gebracht hatte. Pfarrer Ambros hat im Zusammenhang mit dem Gelddiebstahl durch den Sandler seinem Kaplan dessen Vertrauensseligkeit vorgehalten und gemeint, dass dies bei ihm bei verschlossenen Türen nicht passieren könne.

Durch die Aufmerksamkeit des mißtrauischer gewordenen Kaplans konnte eine Diebstahlserie in der Umgebung aufgeklärt werden. Zum Gendarmerieposten geladen, mußte Herr Ambros vor seinem Kaplan erfahren, daß auch er Opfer zweier Einschleichdiebe und um 1.000 Schilling sowie um einige Gebrauchsgegenstände aus seiner Wohnung erleichtert worden war. Um diesen beiden Einschleichdieben Respekt vor dem Pfarrhof beizubringen, verteilte Kaplan Georg auch hier Ohrfeigen, wobei ihm die Akzeptanz seines Chefs und die der Behörden sicher war. Jedenfalls von Einbrüchen im Pfarrhof Pitten wird seither nichts mehr berichtet.

Berührt

Pfarrer Ambros kam zum Bürgermeister, weil die Bergkirche dringend einer sehr kostspieligen Reparatur bedurfte und er kein Geld dafür hatte. Auch der Bürgermeister hatte nicht die Mittel, die dafür notwendig waren, schlug aber vor, gemeinsam mit dem Pfarrer von Haus zu Haus sammeln zu gehen. Keiner wußte damals von den zu überwindenden Strapazen. Während in den ersten Wochen das Sammeln recht flott ging, wurde das Tempo mit Fortdauer der damit verbundenen Alkoholvernichtung immer langsamer. Nach vielen Wochen war das Ziel erreicht und Geld für die Kirchensanierung vorhanden. Auch die Alkoholwerte der eifrigen Sammler stabilisierten sich wieder. Im Zuge der Sammlung wollte der Pfarrer eine sehr bescheiden lebende Rentnerin verschonen. Der Bürgermeister überredete den Pfarrer, dies nicht zu tun, weil alle Mitbürger wissen, wofür gesammelt wird. Als die Frau ihrer Freude darüber Ausdruck gegeben hatte, daß Pfarrer und Bürgermeister auch zu ihr gekommen waren, spendete sie 1.000 Schilling. Pfarrer Ambros wollte sie mit den Worten „Aber Mutterl, hast du dich nicht geirrt?“ auf den für sie doch sehr hohen Betrag aufmerksam machen. Die Antwort der alten Frau „Ist der Tausender zu wenig?“ berührte beide Sammler zutiefst.

Fremde Früchte schmecken

Pfarrer Ambros hatte in seinem Pfarrgarten die ersten Kirschen, gute Birnen und viele Nüsse. Kein Wunder, dass diese Früchte bei den Buben der Umgebung sehr begehrt waren. Bei einer nächtlichen Aktion verlor der kleine Franz seine

Kopfbedeckung. Einige Tage später zeigte Pfarrer Ambros die Kopfbedeckung in der Schule her und fragte, wem sie gehöre. Franzi meldete sich. Pfarrer Ambros forderte ihn auf, sie sich zu holen. Bei der Übergabe erhielt Franzi eine Ohrfeige und Pfarrer Ambros fragte ihn, ob er wisse, warum er die Ohrfeige erhalten habe. Franzi sagte mit weinerlicher Stimme: „Weil ich gestohlen habe." Darauf Pfarrer Ambros mit donnernder Stimme: „Nein, du Trottel, weil du so blöd warst, die Kappe zu vergessen!"

Katholische Wallfahrt

Prüfungen während des Studiums zeichnen sich immer wieder durch gewisse Spannungselemente aus, besonders Prüfungen, die vor strengen Professoren abgelegt werden müssen. Meist rechnet der Prüfling nicht mit einer menschlichen Reaktion des Professors, schon gar nicht, wenn das Ergebnis um einige Grade positiver ausfallen sollte. Jedoch kleine Gesten, die völlig überraschend kommen, wirken und bewirken viel für eine positive Einstellung zu einem Lehrfach. Einem Prüfungsnachergebnis verdanke ich die Liebe zur Psychologie und auch die Auseinandersetzung mit den Inhalten des Menschseins. Ich hatte also die Diplomprüfung in psychologischer Philosophie abzulegen. Es war, und daran erinnere ich mich noch genau, Ende Jänner 1987. Bei dieser Prüfung war über ein mit dem Professor vereinbartes Thema ein 20-minütiges Referat zu halten. Anschließend folgte eine 25-minütige Befragung über den restlichen Vorlesungsstoff. In der Philosophie tat ich mich damals recht schwer. So war mit dieser Prüfung eine gehörige Portion Angst verbunden. Und der Prüfer war ein strenger, aber sehr gerechter Mann. Mehr schlecht als recht bestand ich diese Prüfung. Nachdem das Zeugnis ausgestellt war, kam folgender Dialog zustande: Professor: „Was machen Sie jetzt? Fahren Sie nach Hause oder bleiben Sie noch in Salzburg?" Ich: „Nein, Herr Professor, wir gehen wallfahren."

Damals hatten einige Studienkollegen und ich die Gewohnheit, nach großen bestandenen Prüfungen eine Wallfahrt nach Maria Plain zu machen. „Und gehen Sie auch katholisch wallfahren?" – „Ja, Herr Professor, wir gehen katholisch wallfahren." „Und machen Sie auch eine ordentliche Brotzeit." „Ja, Herr Professor, das haben wir so ausgemacht."

Der Professor zückte die Geldbörse, nahm einen Hundertschillingschein heraus und drückte ihn mir in die Hand mit den Worten: „Und da machen Sie eine ordentliche Brotzeit."

Ich glaube, so entgeistert wie damals habe ich lange nicht mehr dreingeschaut. Ich versuchte noch einzuwenden, daß ich das doch nicht annehmen könne. Mit der Bemerkung, daß es mir gut tun werde, entließ er mich endgültig aus der Prüfung.

Wir gingen also nach Maria Plain wallfahren und verbrachten anschließend in einem Salzburger Lokal eine wunderschöne Einkehr. Auf das Wohl unseres Professors tranken wir eine Flasche Valpolicella.

Jedenfalls wirkte dieser Hundertschillingschein in mir Wunder. Ich begann mich für Philosophie und Psychologie zu interessieren. Freiwillig, und das sei betont, besuchte ich bei dem strengen Professor eine Vorlesung – Thema: „Die philosophischen Gegenwartsfragen".

In der letzten Vorlesung vor Ostern wollte ich mich dann noch einmal für das Geschenk bedanken. Nach der Vorlesung ging ich zum Lesepult, an dem er noch stand. Mich kommen sehend, kam er mir mit der Frage entgegen: „Und gehen Sie auch heute wieder wallfahrten?" – „Nein, Herr Professor, das nicht, aber ich wollte mich nochmals für die Hundert Schilling bedanken. Wir haben auf Ihr Wohl eine Flasche Valpolicella getrunken." „Genau das wollte ich", war die Antwort.

Glauben Sie mir, dieser strenge Professor, in seiner nicht erwarteten menschlichen Art hat mir viel mehr für das Leben mitgegeben als viele Vorlesungsstunden in den Hörsälen, die ich damit in keiner Weise abwerten oder missen möchte. Diese 100 Schilling und die Menschenkenntnis des Professors werden mir in Erinnerung bleiben.

Unser Beten und seine Tücken

Fromm sein ist eine Sache, Beten eine weitere. aber dass es dabei oftmals humorvoll zugeht, ist wieder eine andere Sache. Aus der Studienzeit in Salzburg sind mir – Studenten sind ja auch Schelme - einige Vorkommnisse in Erinnerung geblieben. Gerade die Situationskomik brachte immer wieder „Gebetsblüten“ hervor.

Bei den Benediktinern besteht die Tradition, daß Gebetspsalmen in Form eines Vortrages eines Mitbruders vorgebracht werden, wobei der Chor in der Versform antwortet... Auch der Psalm 139 ist ein sogenannter Vortragspsalm, in dem es heißt: „Herr, du hast mich erforscht und du kennst mich...“ Der Mitbruder betete: „Herr, du hast mich erforscht und du kannst mich...“

Ein andermal sollte die richtige Formulierung lauten: „Wie geht ein junger Mann seinen Pfad ohne Tadel...?“ Heraus kam die Frage: „Wie geht ein junger Mann seinen Pfad ohne Madel...?“

Ein Mitbruder war Judokämpfer, und ein guter noch dazu. Wie unter jungen Männern üblich, kam es immer wieder auch zu Rangeleien. Besonders der Judokämpfer und ein anderer Mitbruder – sie waren wirklich gute Freunde – probten sich immer wieder in Rangeleien. Eines Tages jedoch war bei dem einen, nicht beim Judokämpfer, die Kniescheibe ausgerenkt. Der kampfesfreudige Mönch hatte seinen Auftritt beim Chorgebet erst am nächsten Tag. Er hatte einen der oben erwähnten Vortragspsalmen vorzubeten, und der Text wurde plötzlich äußerst aktuell:

Aus Psalm 18:

„...Du gabst mir deine Hilfe zum Schild, deine Rechte stützt mich; du neigst dich mir zu und machst mich groß.

Du schaffst meinen Schritten weiten Raum, meine Knöchel wanken nicht.
Ich verfolge meine Feinde und hole sie ein, ich kehre nicht um, bis sie vernichtet sind.
Ich schlage sie nieder; sie können sich nicht mehr erheben, sie fallen und liegen unter meinen Füßen.
Du hast mich zum Kampf mit Kraft umgürtet, hast alle in die Knie gezwungen, die sich gegen mich erhoben..."

Ein anderer Vortragspsalm brachte das gemeinsame Gebet zum Erliegen: Der vortragende Mitbruder hatte damals zwischen 135 und 150 Kilo (das genaue Gewicht konnten wir nicht eruieren, es wurde ähnlich dem Beichtgeheimnis bestens gehütet). Es heißt im Psalm 102: „...Versengt wie Gras und verdorrt ist mein Herz, sodass ich vergessen habe, mein Brot zu essen. Vor lauter Stöhnen und Schreien bin ich nur noch Haut und Knochen. Ich bin wie eine Dohle in der Wüste, wie eine Eule in öden Ruinen..."

Schon als er aufstand, ging ein Kichern durch die Reihen. Der vortragende Mitbruder merkte natürlich, warum. Also ließ er den Vers mit der Haut und den Knochen aus. Dann brach ein lautes Lachen los.

Ochsengespann

An einem Vormittag kam der damalige Hofmeister Floridus mit einigen höhergestellten Gästen aus der Tierzucht in den Meierhof, um das damals schon sehr leistungsfähige Vieh in den Stallungen zu besichtigen. Sie gingen die Doppelreihen der Kühe entlang und kamen dann zu den Ochsen. Sie schätzten das Gewicht der massigen Ochsen und waren voll des Lobes. „So stattliche Ochsen mit solchem Gewicht sieht man selten," meinte einer der Besucher. Der Ochsenknecht, der nach dem Ausmisten gerade mit der Einstreu beschäftigt war, hörte dem Gespräch zu und erlaubte sich eine Bemerkung in seinem urigen Dialekt: „Dö Größern wann's erst sehngn tat's, dö größern Ochsn hand im Stift drinn!“ Die Besucher wandten sich ab, um ein verschmitztes Lächeln zu unterdrücken. Der Hofmeister Floridus wurde rot im Gesicht bis zu den Ohren. Sie alle mißverstanden die Worte des Ochsenknechtes, der aber nicht unrecht hatte. Eines der größten Ochsenpaare war nämlich mit einem Fuhrmann im Stiftshof, um von der damals noch existierenden Brauerei die Biertrebern abzuholen, die an die Kühe verfüttert wurden. Das Mißverständnis wurde schließlich doch noch geklärt.

Wohin soll ich mich wenden

Ein Mitbruder erzählte mir vor kurzem von einem seiner ersten Kaplanserlebnisse bei einem Gottesdienst. Wie jeder Mensch, wenn er eine neue Aufgabe übernimmt, ist dieser am Beginn seiner Tätigkeit nervös. So können an sich harmlose Speisen und Getränke „durchschlagenden Erfolg“ entwickeln. Vor einem Sonntagsgottesdienst trank er noch einen Kaffee, ohne zu bedenken, daß dieser zusammen mit Nervosität akute Darmeruptionen hervorrufen könnte. Bereits beim Tagesgebet mußte er den Gottesdienst unterbrechen, teilte den Gottesdienstbesuchern kurz seine nicht mehr aufhaltbaren menschlichen Bedürfnisse mit und stürmte hinaus. Wie er aus der Sakristei hinauswollte, begann der Organist das Lied „Wohin soll ich mich wenden, wenn Gram und Schmerz mich drücken...“ zu präludieren.

Der „derrische“ Ochsenknecht

Im Meierhof gab es einen alten Ochsenknecht, der schwerhörig war. Er mußte des öftern mit seinem Ochsengespann in den Stiftshof hineinfahren, um die Küchenabfälle oder – wie schon erzählt – Biertreber von der Brauerei zu holen. Junge Reichersberger Burschen dachten sich einen Schabernack aus. Als der „derrische“ Ochsenknecht, wie er im Volksmund genannt wurde, wieder einmal mit seinem Gespann vom Meierhof zum Stift unterwegs war, wurde er von einigen Burschen beobachtet. Der Ochsenknecht hatte die Angewohnheit, immer neben dem Kopf des Leitochsen, meistens aber ein paar Schritte voraus, zu gehen; er sah selten um. Die Burschen schlichen sich von hinten an den eisenbereiften Wagen heran, der auf der Schotterstraße dahinpolterte, schoben den Wagen etwas nach, sodass die Zugstränge locker dahinschlenkerten; links und rechts schlich sich einer neben dem Wagen vor und hängte das locker gewordene „Zugscheit“ aus dem Waagbalken und legte es auf den Boden. Der Wagen blieb stehen, die Ochsen und der vorauseilende Ochsenknecht gingen weiter. Die sogenannte „Habkette“ vorne an der Deichsel rutschte von selbst herunter, sodass das Gespann am Wagen keinen Halt mehr hatte. Nach ca. 100 Meter drehte sich der Ochsenknecht einmal um, um seine langsamen Ochsen anzutreiben. Er erschrak, als er sah, dass er mit den Ochsen allein war. Er machte mit seinem Zugpaar kehrt und kam dann zum Wagen zurück. Die beim Wiedereinspannen verwendeten ausdruckstarken Worte sollen an dieser Stelle doch nicht wiedergegeben werden. Jedoch die Burschen, die sich hinter Bäumen und Schuppen versteckt hielten, mußten sich vor Lachen den Bauch halten.

Für dumm ließ sich aber der besagte Ochsenknecht auch nicht verkaufen. Als er ein andermal wieder mit seinem Ochsengefährt unterwegs war, ging ein Reichersberger an ihm vorbei; er grüßte den Fuhrmann: „Servus Lix,“ – er hieß Felix – „wo gehen denn die drei Ochsen hin?“ Gemeint waren die zwei eingespannten Ochsen und der Fuhrmann. Prompt kam die Antwort vom Lix zurück: „Bei dem vierten vorbei!“

Die Kekse

Vor einigen Wochen war ich bei einer alten Dame eingeladen, die tagsüber den Hund vom Nachbarn beaufsichtigt hatte. Der Hund wurde sehr verwöhnt. Ich kam also zu ihr, der Platz wurde mir zugewiesen und ein Teller voller Kekse mit folgender Bemerkung hingestellt: „Nehmen Sie sich ein paar Kekse, wissen S', die mag der Hund nämlich nicht."

Das war nicht ausgemacht

Es ist schon einige Jahre her, noch zu meiner Klerikerzeit, da war ich bei einer Hochzeit Mesner und Ministrant bei uns in Reichersberg. Herr Stefan war der Trauungspriester. Allerdings führte er nicht das Trauungsgespräch, sodass er nicht wußte, welcher Trauungsspruch (d. h. Treueversprechen) mit dem Brautpaar vereinbart worden war, den sie zu sagen hätten. Prompt erwischte Herr Stefan den verkehrten Treuespruch. Der Bräutigam sah dieses Treueversprechen und antwortete: „Das war nicht ausgemacht!" Schrecksekunde, Stille. Die Braut stieß ihren Bräutigam mit den Worten in die Seite: „Jetzt tu schon weiter!"

Der Strafzettel

Jeder Parker wird die Situation eines Strafzettels kennen: Der Gang auf das Auto zu und der Zettel, in seinem einmaligen Format von der Windschutzscheibe herableuchtend. Selbst dann, wenn man als Autofahrer richtig parkt, löst ein eingeklemmter Zettel auf der Windschutzscheibe sofort eine eindeutige Reaktion aus:

Herr Konrad und Herr Roman sind in Linz und parken ordnungsgemäß am Parkplatz. Herr Philipp, studierend in Linz, sieht zufällig beider Auto am Parkplatz und steckt einen Zettel an die Windschutzscheibe. Herr Konrad und Roman kommen zum Auto zurück und sehen einen Zettel an der Windschutzscheibe. Gerade gehen zwei Polizisten vorbei. Herr Roman beschwert sich sofort über den ungerechtfertigten Strafzettel. Eine Diskussion kommt in Gang, bei der sie schließlich doch den Zettel von der Windschutzscheibe in die

Hand nehmen – mit der Aufschrift: „Achtung, kein Strafzettel! Liebe Grüße! Philipp!“

Handyman

Liebevoll nennen wir unseren Herrn Bernhard, besonders wenn wir ihn bildlich gesprochen „auf die Schaufel nehmen wollen“, unseren „Tippelpfarrer“. Er ist Pfarrer von Münsteuer und Antiesenhofen. Nicht nur doppelte Arbeit, in besonderen Situationen auch ein Glücksfall. Zumal auch beim Doppelpfarrer und Dechant des Dekanates Altheim die moderne Zeit Einzug gehalten hat: er besitzt mittlerweile ein Handy.

Unmittelbar einige Minuten vor Beginn einer Hl. Messe bemerkt Herr Bernhard: er hat keinen Messwein mehr. Flugs ruft er per Handy die Mesnerin der Pfarre Münsteuer an und gibt folgende Order: „Gehen Sie in die Kirche, holen Sie eine Flasche Meßwein und warten Sie vor den Kirchenstufen: ich komme mit dem Auto vorbei.“ Raus aus der Sakristei, rein in das Auto, hinüber nach Münsteuer, Fenster herunter, der Mesnerin die Flasche Meßwein abgenommen, hinein in das Auto und wieder zurück nach Antiesenhofen.

Es ging sich soweit punktgenau mit dem Beginn des Gottesdienstes aus, dass er beim letzten Verklingen des Glockenschlages pünktlich beginnen konnte – mit Handy-Man-Messweinholaktion.

Hunde

Bei einem Mittagstisch kam das Gespräch auf Hunde und das Altwerden der Hunde, bzw. die Relation der Hundejahre zu den Menschenjahren. So wurde festgestellt, daß ein Hundejahr sieben Menschenjahren entspricht. Danach wurde das Alter von unserem Stiftshund festgestellt: Er wird „50“ Jahre. Folgende philosophische Schlußfolgerung wurde dann von Herrn Konrad gegeben: „Es ist gut, dass Menschenjahre nicht wie Hundejahre zählen, dann wären wir alle schon tot!“

Die gestohlenen Hühner

Pfarrer Bernhard Mitter, einst Pfarrer in Edlitz, war unter anderem auch ein leidenschaftlicher Kartenspieler. Bei passender Gelegenheit spielte man um ein gebratenes Huhn. Der Verlierer hatte dieses aus seinem Hühnerstall zu holen, das dann gebraten wurde. Es war wieder einmal so weit. Herr Bernhard freute sich schelmisch, wieder gewonnen zu haben. Der Verlierer, ebenfall nicht einfallslos, hatte das Huhn aus seinem Hühnerstall zu holen. Und wie das gebratene Huhn schmeckte? „Einfach herrlich“, war der Kommentar von Herrn Bernhard. Was er nicht wußte: Sein Spielpartner hatte das Huhn aus des Pfarrers Hühnerstall geholt. Erst am nächsten Morgen entdeckte die Köchin das fehlende Huhn.

Verstorben

Vor einigen Jahren war ich in einer Nachbarspfarre von Reichersberg auf Aushilfe. Nach dem Gottesdienst kam eine Frau auf mich zu und drückte mir ihr Beileid aus, da eine Verwandte von mir am Vortag verstorben sei. Ich war ganz überrascht, da ich von dem Todesfall noch nichts gehört hatte. Wir verblieben im Laufe des Gespräches, dass sie, sobald sie vom Begräbnistermin hörte, mich benachrichtigen würde. So wartete ich ein, zwei Tage. Nichts rührte sich. Am dritten Tag wurde ich richtig unruhig.

Ich rief den Schwiegersohn der „Verstorbenen“ in der Arbeitsstelle an. Fast wollte ich schon fragen, wann der Begräbnistermin sei, jedoch eine innere Stimme ließ mich vorsichtig fragen, wie es denn der Schwiegermuter gesundheitlich gehe. „Ja, danke der Nachfrage, der Schwiegermutter geht es gut. Der Schnupfen plagt sie momentan. Aber ansonsten ist sie wohlauf.“

Einen Moment war ich sprachlos. Nachdem ich die Sprache wiedergefunden hatte, sagte ich ihm den eigentlichen Grund meines Anrufes. Er war ebenso erstaunt wie ich. „Wie kann jemand so etwas behaupten?" Ich meinte, es müsse irgendwo ein Irrtum vorliegen.

Das Rätsel löste sich einige Tage später durch Zufall. Beim Gefangenencursillo in Suben ging ich bei der Verlautbarungstafel der Pfarre vorbei und las den Namen der Verstorbenen – es handelte sich um Namensgleichheit. Hellauf mußte ich lachen. Meine Begleiter fragten ganz erstaunt, was ich denn habe. Auch bei meinen Begleitern löste die Erklärung Kopfschütteln und Heiterkeit aus. So schnell kann man verstorben und wiederauferstanden sein.

Strohpressen

Unser Prior, Herr Leo, stammt aus einem Bauernhof in Bromberg/NÖ. So ist ihm die landwirtschaftliche Arbeit vertraut, ebenso der Umgang mit den landwirtschaftlichen Geräten. Gelegentlich hilft er seinem Bruder in der Landwirtschaft, unter anderem auch beim Strohpressen. Meist erwartet niemand, dass ein Pfarrer den Traktor fährt und er diese Tätigkeit auch beherrscht. Eines Tages wurde er gebeten, in eine Nachbargemeinde zu fahren. Wie er in das kleine Dorf und zum angewiesenen Bauern fuhr, kamen aus dem Hoftor des Bauern fünfzehn Menschen heraus und folgten ihm auf´s Feld hinaus. Er wunderte sich schon: „Warum wohl?" Erst nach getaner Arbeit kam von ihm die Frage, warum so viele Leute beim Strohpressen zuschauten. Ob es denn das erstemal im Dorf sei, daß diese Tätigkeit durchgeführt werde. „Nein", so die Antwort, „aber einem Pfarrer beim Strohpressen zuschauen zu könnnen und dass er es so gut kann, das konnten wir uns nicht entgehen lassen."

Offene Rechnung

Vor einigen Jahrzehnten, damals wirkten noch geistliche Schwestern im Kindergarten und in der Wäscherei des Stiftes und das Bräustüberl war an einen Pächter verpachtet, kam die

Rechnung des Installateurs an die Stiftsverwaltung mit folgender Aufstellung:

„Herrn Gastwirt neue Klosettmuschel aufgesetzt, Schwester Oberin neue Dichtung gemacht..."

Ohne Kommentar!

Ulrich, bist denn deppert

Unsere Herren haben manchmal auch Verehrerinnen. Besonders junge Ministrantinnen können ihren „Ministrantenchef" ganz gern haben (vielleicht manchmal: sowohl - als auch). Eine dieser „Verehrerinnen" schenkte Herrn Ulrich zu Ostern in einer Plastiktasche Ostereier, Schokoladehasen usw. Der beiliegende Brief war unterschrieben: Von Deiner Osterhäsin (sieben Jahre alt – Anmerkung vom Verfasser). Jedoch hatte diese „Verehrerin" auch dem Propst eine Tragtasche mit gleichem Inhalt geschenkt. Herr Ulrich fragte – eine andere Ministrantin war auch noch in der Sakristei anwesend – warum eigentlich der Herr Propst auch ein Ostergeschenk bekommen habe. Eine Ministrantin – selber erst neun Jahre alt – hörte von der Frage Ulrichs und gab die Antwort: „Ulrich bist denn deppert, na klar, dass es nicht so auffällt."

Der Herr hat dich befreit

„Fasten, Besinnung und Klosterarbeiten" heißt ein Kurs im jährlichen Programmangebot des Bildungszentrums des Stiftes. So treffen sich acht bis zehn Unentwegte - und fasten. Dazu gehört im Tagesablauf auch die Vesper, das Abendgebet der Kirche, das der Kurs zusammen mit dem Konvent betet bzw. singt.

Für eine Kursteilnehmerin war ein Tag des Fastens nicht ihr Tag, denn, verursacht durch Darmreinigungsmittel – eine Notwendigkeit beim Fasten als Entschlackungshilfe für den Körper – hatte sie eine längere Sitzung am WC. Die anderen Kursteilnehmerinnen gingen mittags zum oppulenten Mahl – ein Teller Gemüsesuppe – und vergaßen die am WC verweilende. Alsbald läutete das Telefon im Speisesaal mit dem Hilferuf um Befreiung aus dem unfreiwilligen Gefängnis des Kursraumes. Schlussendlich – wenigstens ein Teller Suppe... !

Abends ereignete sich wiederum selbige Drangsal einer dringenden Sitzung – und wieder eingesperrt.

Anruf in der Küche – Hilfe! „Ja haben s‘ dich denn schon wieder eingsperrt? Wart', ich muß das Teegeschirr sowieso gleich holen und lass' dich raus“, so die Stimme aus der Küche.

Die Eingesperrte wollte fromm sein, hörte sie doch im Hof bereits Orgelklang aus der Hauskapelle, und rannte hinüber. Auf der Stiege kam ihr bereits eine andere Kursteilnehmerin entgegen, da die anderen bemerkt hatten: Eine fehlte noch – sicher eingesperrt.

Lautstarker „Bericht“. „Psst, die Vesper hat schon begonnen.“ „Ja, i woaß eh, die Musi spuilt scho“.

Einzug in die Hauskapelle. Alle an ihrem Platz. Die erste Antiphon beginnt. Manchmal paßt´s wirklich aktuell. Die Antiphon begann: „Der Herr hat dich befreit...“ Eine andere Kursteilnehmerin faßt die Eingesperrte bei der Hand und streichelt sie tröstend bei diesen gesungenen Worten. Noch Tage danach lachten wir über dieses Ereignis. Es war ein fröhliches Fasten.

Bist Du der liebe Gott?

An einer großen Festveranstaltung im Stift nahm ein Vater mit seiner kleinen vierjährigen Tochter teil. Propst Eberhard war in Festtagskleidung anwesend, d. h. mit violett paspeliertem Talar, violettem Zingulum und Brustkreuz. Das beeindruckte die kleine junge Dame. Bei der Zusammenkunft beider stellte sie Propst Eberhard die Frage: „Bist Du der liebe Gott?“

Der Vater gab die Antwort: „Nein, der liebe Gott ist er nicht. Aber er kann mit Gott reden.“

Das müßte noch geübt werden

Die Orgel wird bekanntlich als die Königin der Instrumente bezeichnet. Vorausgesetzt, der Organist beherrscht auch die Spielkunst. So war vor Jahren in einer Nachbarpfarre ein impulsiver Mitbruder Pfarrer und ein Orgelspieler mit weniger Fingerfertigkeit am Arbeiten. Der Mitbruder konnte sich furchtbar ärgern, wenn der Organist falsch spielte. So war bei einem Gottesdienst zwischen Lesung und Evangelium der Zwischengesang zu spielen und der Organist spielte in einer Weise falsch, dass der Zelebrant, nachdem die „schrägen" Töne halbwegs verklungen waren, lautstark Richtung Orgel und Organisten donnerte: „Das müßte noch geübt werden!"

Abgekartetes Spielchen

Im Jahr 1984 war Propst Eberhard mit der Reisegruppe des Katholischen Bildungswerkes Antiesenhofen in Israel. Eine treue Reisebegleiterin, Frau Anna Angerhofer aus Obernberg, schon nicht mehr die jüngste und auch gehbehindert, stürzte in der Altstadt von Jerusalem derart, daß sie weithin sichtbare blaue Flecken und Blutergüsse mit heimbrachte. Gottlob mit ungebrochenen Knochen und in ebenso ungebrochener Wallfahrerfreude suchte sie auf der Rückfahrt vom Flughafen München nach Antiesenhofen im Bus nach einer glaubhaften Ausrede, damit ihre Familie nicht sagen könne: „In deinem Alter bleibst jetzt besser daheim!" Sie kam auf die Idee, der Hotel-Lift hätte sie in Jerusalem „eingezwickt", – was ihr übrigens in Obernberg alle glaubten! Sie suchte aber für diese Lüge einen Komplizen und wandte sich an den geistlichen Reisebegleiter, Propst Eberhard. Der ganze Wallfahrerbus war Zeuge dieser Abmachung mit dem Wortlaut: „Gell, Herr Prälat, bei dieser Lug bleiben wir!"

Wenige Jahre später war Propst Eberhard als Reiseleiter mit einer Gruppe nach Lourdes unterwegs, darunter auch einige Teilnehmer der Israelreise 1984 und aus Antiesenhofen. Bei der Nächtigung in einem Hotel in Villefranche, Frankreich, kam es zu einem höchst überraschenden Zusammentreffen. Herbert Bitter, der KBW- und Israelreiseleiter, spazierte in den Speisesaal und wurde höchst erstaunt und ebenso freudig begrüßt, vor allem von Propst Eberhard. Über diesen wundersamen Zufall wurde noch monatelang in Antiesenhofen geredet, ehe der Fall als abgekartetes Spielchen zwischen dem Reisleiter, Propst Eberhard, und Herrn Bitter ans Licht kam. Die Überraschung war gespielt und die Freude war groß über das Timing, denn die Geschäftsreise des einen und die Wallfahrt des anderen mit Bus oder PKW waren bestens für das Zusammentreffen koordiniert.

Fortschritt

In die Pfarre Antiesenhofen zog die neueste elektronische Technik in Form eines vollautomatischen Läutwerkes ein. Die Funktion des Glöckners wurde durch ein Computermodul ersetzt: Die Kirchturmuhr richtet sich nach der Atomuhr in Frankfurt. Die Glocken beginnen vollautomatisch zu den Gottesdienstzeiten zu läuten.

Diese Errungenschaften erzählte uns Herr Bernhard bei den Mahlzeiten immer wieder und auch ausführlich.

Einfach faszinierend. So faszinierend, dass unser Herr Stefan bei einer Aushilfe in Antiesenhofen vor der Uhr stand, sie beobachtete und wie gebannt auf dieses Wunderwerk der Technik starrte. Allerdings war er erst mit einer Alba bekleidet. Stola und Meßgewand hingen noch im Kasten: Er bemerkte dies, gebannt von dem technische Wunderwerk, nicht. Die Glocken begannen zu läuten, genau zwei Minuten lang. Er ließ die Ministranten anläuten, zog feierlich zum Gottesdienst ein und bemerkte erst am Altar, dass er liturgisch „halbnackt", d. h. ohne Meßgewand – nur mit der Alba – am Altar stand. Er ließ die Orgel weiterspielen, rannte zurück in die Sakristei, warf das Meßgewand über und lief wieder zum Altar. Der Gottesdienst begann unter allgemeinem Schmunzeln. Was die Technik nicht alles ausmacht!

Da bebte die Erde

Herr Bernhard wurde 1971 in Edlitz zum Diakon geweiht. Anschließend an die liturgische Handlung wurde das gemeinsame Festmahl begangen: mit Bischof, Bischofssekretär, Weihekandidaten usw.

Der Sekretär des Bischofs „mußte“ mal. Damals war der Fortschritt durch einen bevorstehenden Umbau des Pfarrhofes noch nicht voll entfaltet, sodass er sich im Hof des Pfarrhofes auf den „Donnerbalken“ (auch „Plumpsklo“ oder „Häusl“ genannt) begeben mußte.

Im selben Augenblick gab es ein Erdbeben. Nein, nicht durch die Tätigkeit des bischöflichen Sekretärs, sondern ein natürliches. Das „Häusl“ erbebte, wie auch die ganze Gegend. An vielen Gebäuden entstand großer Sachschaden. Der „Donnerbalken“ überlebte wohlbehalten.

Mit bleichem Gesicht kam der bischöfliche Sekretär heraus, folgende Worte stammelnd: „In Edlitz kann man nicht einmal aufs Klo gehen, schon bebt die Erde.“

„Die Mädchen von Bromberg“

Herr Claudius, Pfarrer von Thernberg in Niederösterreich, mittlerweile im wohlverdienten Ruhestand im Stift, führte schon bald nach dem II. Vatikanischen Konzil sogenannte Rhythmusmessen für die Jugend in seiner Pfarre ein. Die Kirche war ob dieser Neuheit voll. Bald sprach sich die Neuigkeit in den umliegenden Pfarren herum. Herr Gregor und einige Frauen der Nachbarpfarre Bromberg, zwar noch in jugendlicher Frische, jedoch nicht mehr zur Jugend zählend, wollten auch eine Rhythmusmesse mitfeiern. Bei der Begrüßung am Beginn des Gottesdienstes gebrauchte Herr

Claudius folgende, heute noch erzählte Formulierung: „Ja, ich begrüße zu dieser Messe den Kaplan und auch die Mädchen von Bromberg.“ So geht's.

Vor einigen Jahren waren die Mitbrüder der niederösterreichischen Pfarren bei Herrn Claudius zu einem gemeinsamen Konveniat, sprich „gemütlichen Beisammensein“ geladen. Der Anlaß war der zu feiernde Namenstag. Vorher wurde eine Neuanschaffung in der Kirche besichtigt, die alle bewunderten. Dann sollte der gemütliche Teil im Pfarrhof folgen. Die Haushälterin sperrte die Sakristei ordnungsgemäß ab. Im Pfarrhof wunderten sich die Mitbrüder mittlerweile, wo denn Herr Claudius bleibe. Plötzlich begannen alle Kirchenglocken zu läuten, die Haushälterin stieß einen Schrei aus: „Jessas, der Herr Pfarrer ist in der Kirchn eingsperrt.“ Er wurde befreit.

Ein Brief

Beim Stöbern im Archiv habe ich den Brief eines Mitbruders aus dem Jahr 1932 entdeckt. Zur Erläuterung: „Florl“ bedeutet Floridus und „Claudi“ Claudius. Beide Mitbrüder sind längst verstorben.

„Lieber Florl!
Man kennt´s halt wieder ganz genau, daß Du der größte bist. Drei Wochen ist es schon her, daß ich Dir S 16,-- geschickt habe, und Du hast noch immer kein Xelchtes (Anm. d. Verf.: d. h. „Geselchtes“, eine Innviertler Spezialität) geschickt. Das ist doch ein unwiderleglicher Beweis. Übrigens fürchte ich auch, daß Du Dich des Verbrechens des Zwanges, der Nötigung und Erpressung schuldig gemacht hast, weil Du mich zwingen willst, einen Brief zu schreiben. Leider hast Du auch Erfolg gehabt mit Deiner Taktik, weil ja natürlich immer in der Welt das Böse und die Gemeinheit obsiegt. Also sei gscheit wie der St. Veit, der

gern schickt ein Scheit. Heiliger St. Floridus, schick mir a Fleisch mit Ruß!
Außer dem Reichersberger „Xelchten“ fehlt mir zwar auch sonst noch manches zur vollkommenen Glückseligkeit, aber ich kann mit meinem Befinden doch ganz zufrieden sein. Herr Augustin macht seinem Kirchenlehrernamen in Scheibling (d. i. Scheiblingkirchen in der Buckligen Welt) alle Ehre. Einmal ist er aus Versehen schon um 2 Uhr (morgens) in den Beichtstuhl gegangen und am Sonntag hat er den Weihwedel mitten unter die Weiber hineingeworfen. Ein böser Reimschmied hat seine Heldentaten in folgenden Versen verewigt:
Ja, der Augustin der predigt scheen. In der Kirchen, in der Kirchen in Scheibling.
Und zum Beichthörn tut er früh aufstehn. In der Kirchen...
Auf die guten Christen schaut er und die bösen, die derhaut er beim Asperges mit dem Wedl vor dem Amt.
Die weiteren Strophen zu dem Festhymnus „Parve pater Augustine“ sowie die Heldentaten, davon die künden sollen, sind noch ausständig.
Viele herzliche Grüße Dir und allen Brüdern, im Mutterhause.

Thernberg, 10. März 1932

Dein alter Claudi“

Unser Pfarrer ist schneller

Manchmal habe ich unseren Herrn Bernhard bei den Gottesdiensten auch in Münsteuer zu vertreten. H. Bernhard ist bekannt durch die zeitlich schnelle Feier der Hl. Messen. An jenem Sonntag, an dem ich dort zur Aushilfe war, wurde ich ebenfalls in knapp einer halben Stunde fertig. In der Sakristei wunderte ich mich über diese „Rekordzeit“ und meinte zum Mesner, so schnell sei ich noch nie bei der Feier der Messe gewesen. Wir waren uns einig: Durch die wenigen Kommunionen - die Pfarre ist die kleinste in der Diözese Linz – braucht der Zelebrant weniger Zeit. Die Ministrantin hörte unseren Dialog mit und berichtigte: „Aber unser Herr Pfarrer ist schneller."

Bernhard – Telefon – Halt´s Maul

Herr Bernhard hat als moderner Landdechant einen Anrufbeantworter in seinem Zimmer, sodass etwaige Anrufende bei seiner Abwesenheit, die sehr wohl häufig möglich ist, ihm eine Nachricht auf das Band sprechen können. Ein Anrufer ärgerte sich über das Tonband und wollte wieder auflegen. Bevor er jedoch den Hörer in die Gabel knallte, knurrte er noch laut: „Halt´s Maul!" Wie die Tücken der Technik sind, nahm der Anrufbeantworter diese Worte auf. Herr Bernhard wurde dann beim Abhören des Anrufbeantworters begrüßt: „Halt's Maul!"

'S Kirchabitt´n (Kirchenbitten)

Es war ein uralter frommer Brauch, das Kirchabitt´n. Es gab in jeder Pfarre einen Kirchenbitter oder eine Kirchenbitterin. Wenn jemand aus der Pfarre verstarb, wurden die Kirchenbitter beauftragt, zum Begräbnis einzuladen. So eine Kirchenbitterin war die „Dirnberger-Lis" aus Obernberg, die weitum bekannt war, denn sie ging von Haus zu Haus, um ihre Bitten vorzutragen, und das nicht nur in der eigenen Pfarre.

Und so hat es sich zugetragen: Propst Floridus saß an einem Nachmittag mit hohen Herren der Innkraftwerke, der Flußbauleitung und der Baugesellschaften im Nebenzimmer des „Stiftsbräustüberls", um über den Bau des Innkraftwerkes St. Florian zu beraten.

In der Gaststube saßen um den Stammtisch einige Gäste, so auch der Mühlberger, einer der größten Bauern der Nachbargemeinde Mörschwang, der fast täglich mit seinem Sachs-Kleinmotorrad nach Reichersberg fuhr, wo er mit seinem Stammtischfreund Albrechtbauer aus Minaberg zusammentraf.

Plötzlich trat also die „Dirnberger-Lis" in das Lokal. Sie stellte sich vor die Gäste am Stammtisch und kramte umständlich einen Zettel aus ihrer großen Handtasche. Sie las in ihrem leierhaften Ton ihre einladende Bitte vor: „Da Huaba laßt bitten, wenn mit seiner Frau wer mit der Leich ging; am Freitag um 10 Uhr!" Sie steckte den Zettel wieder ein und fügte aus eigenem noch hinzu: „Is eh scho lang krank g'wehn, dö Huaberin. Is scho a Erlösung g'wen für sie!" Inzwischen holte der Wirt einige Geldstücke aus der Lade seiner Schank und reichte sie der Lis. „Vergelt's Gott", sagte sie und der Mühlberger griff in die Tasche um ein paar Schillinge. Dann sagte er zur Lis: „Da muaßt einigehen, Lis", und deutete zur Tür ins Nebenzimmer, „da sand viel Leut' drinn." Die Lis ließ sich das nicht zweimal sagen, es wäre doch ein Geschäft für sie. Als sie die Nebenzimmertür hinter sich geschlossen hatte, hielt sie wieder ihren Zettel nahe vor ihr Gesicht und leierte ihre Einladung zum Begräbnis der Huberin aufs Neue herunter. Aller Augen waren in der plötzliche Stille auf die Lis gerichtet. Während Propst Floridus die Röte ins Gesicht stieg, griff er in seinen Talar und holte einige Münzen für die Lis hervor. Als die hohen Herren das sahen, folgten sie seinem Beispiel. Mit einer Hand voll Geld, für das sich die Lis freundlich bedankte, kehrte sie in die Gaststube zurück. Es lagen nicht nur Schillinge, sondern auch deutsche Mark in ihrer Hand. Sie ließ sie vom Wirt umtauschen. „Hat sö auszahlt, gell Lis, dass du da einiganga bist!" „Ja, ja, dös wohl!" Sie verließ das Lokal mit einem zufriedenen Schmunzeln.

Dann erschien der Propst mit seinem immer noch roten Kopf in der Gaststube. Er ging zum Stammtisch vor und musterte die Gäste mit einem strengen Blick. Als er den

Mühlberger entdeckte, der für solche Schabernacks bekannt war, sagte der verärgerte Prälat barsch: „I hätt' mir's denken können, daß du dös warst!"

Rasch kehrte er wieder zu seinen Gästen zurück.

In der Gaststube kam ein Gelächter auf. Der Wirt des Bräustüberls sorgte dafür, daß viele Menschen Mühlbergers neueste Tat erfuhren.

Ein menschliches Rühren

Die Wände des Stiftsbräustüberls könnten wohl vieles erzählen, wenn sie reden könnten. Einige Episoden, die ans Tageslicht gekommen sind, möchte ich hier wiedergeben.

Herr Reich, Albrechtbauer aus Minaberg, kam auch während des II. Weltkrieges an vielen Wochentagen ins Bräustüberl. Er fuhr mit seinem Fahrrad barfuß in Lederpantoffeln auf der Bundesstraße von Minaberg, seinem Wohnort unweit von Reichersberg, in den Ort. Am Stammtisch stopfte er seine Tabakspfeife, die er während der Gespräche gemütlich dahinrauchte. Es war meistens am späten Nachmittag, wenn er seinen Stammtischplatz einnahm. Er verkörperte in seinem Innviertler Dialekt einen typischen, angestammten Bauern. Zu dieser Zeit waren in den Räumen des Stiftes die Flieger der Flugzeugführerschule A/B – 115 Wels einquartiert; sie hatten in der Gemeinde Reichersberg einen Schulflugplatz. Natürlich waren die Soldaten auch Gäste im Bräustüberl.

Eines Tages, als der Albrechtbauer am Stammtisch sitzend genüßlich seine Pfeife rauchte, kamen einige Fluglehrer im Offiziersrang in die Gaststube. Da zu dieser Zeit wenig Gäste waren, bot ihnen der Albrechtbauer einen Platz am Stammtisch an. Er rückte etwas hinein, um für die angekommenen Herren Flieger Platz zu machen.

Der Albrechtbauer war ja ein geselliger Mann und konnte sich mit jedermann unterhalten. Wenn auch die eben angekommenen Gäste Hochdeutsch sprachen, behielt er seinen Dialekt bei. Trotzdem kam eine rege Unterhaltung zustande.

Inzwischen läutete die Aveglocke der Stiftspfarrkirche zum Gebet. Als christlicher Mann mit rauher Schale hielt er im Gespräch inne, bis der Glockenklang verstummte. Er sagte dann „Guat´n Abend miteinander!“ (so war es damals der Brauch), bevor er das Gespräch fortsetzte. Nach einer Weile steckte der Albrechtbauer seine inzwischen ausgerauchte Pfeife in den Kalier seines Rockes, stemmte beide Hände auf den Tisch und erhob sich von seinem Platz. „Gestatten die Herren“ rief er mit seiner Baßstimme. Die beiden Fluglehrer, die an seiner Seite saßen, erhoben sich, um ihrem Tischkollegen Platz zum Austreten zu machen. Plötzlich ertönte ein menschlicher Donner aus Albrechtbauers Sitzfleisch. Während die beiden Herren der Fliegerschule umsonst auf das Austreten ihres Nebengastes warteten, setzte sich dieser wieder. Mit verdutzten Blicken und naserümpfend wegen des Duftes, der auf den Donner folgte, nahmen auch die Fluglehrer wieder Platz: „War wohl eine Fehlzündung, wat?“

Der Albrechtbauer schmunzelte und stopfte sich eine neue Pfeife.

Der hohe Besuch

Bundeskanzler Julius Raab hatte viel Kontakt mit dem Chorherrenstift Reichersberg. Jedesmal, wenn er die Rieder Messe eröffnete, kam er nach Reichersberg und übernachtete im Stift.

Am Morgen ging er dann zu unserem Ortsfriseur Lorenzer, um sich rasieren zu lassen. Das schätzte unser Friseur sehr, dass er der „Leibbarbier“ des Bundeskanzlers sein durfte. Zur Erinnerung hängte er im Friseurzimmer ein Foto auf, wo er gerade dem höchsten Politiker Österreichs sein Rasiermesser am eingeseiften Gesicht ansetzte.

Wieder jährte sich die Volksfestzeit – wie die Rieder Messe auch heute noch im Volksmund genannt wird. Da der Bundeskanzler gerne ein Gespräch mit den einfachen Menschen suchte, ging er in die Gaststube des Bräustüberls, um, wie er hoffte, mit Reichersberger Bürgern zusammenzutreffen.

Wer saß am Stammtisch? Der Albrechtbauer und einige Reichersberger. Der Gastwirt, Herr Demuth, zu jedem Spaß aufgelegt, begrüßte den hohen Gast förmlich und voller Stolz, führte ihn dann zum Stammtisch, um den hohen Politiker den Leuten, die da saßen, vorzustellen: „Das hier ist der reichste Bauer unserer Gemeinde", so stellte der Wirt den Albrechtbauer vor. Der vedutzte Herr Reich stand auf, nahm mit der linken Hand seine fast immer rauchende Pfeife aus dem Mund und stotterte: „Äh, äh, Reich ist nur mein Name, Herr Kanzler, i bin nur ein kleines Bäuerlein!" Durch den hohen Gast irritiert, vergaß Herr Reich fast seinen urwüchsigen Dialekt. Die Hand, in der er seine Pfeife hielt, zitterte vor Aufregung.

Nachdem der Herr Bundeskanzler alle Umsitzenden begrüßt hatte, setzte er sich zur Tischrunde und lud zu einem Glas Bier und zu einem Gespräch mit ihm ein.

Nur selten hat man in einem kleinen Ort Gelegenheit, sich mit einem führenden Politiker so gut zu unterhalten.

Ungenannt

Abschließend folgen noch Anekdoten aus einem Kloster, das nicht genannt werden möchte. Diesen Wunsch respektiere ich gerne. Viel schöner ist, dass es in diesem Kloster sehr humorvoll zugeht.

Versprecher

Wie leicht kann es passieren, dass sich jemand im Chorgebet bei Lesungen oder Gebeten verspricht. Einigen „Versprechern" sind wir schon im Laufe des Buches begegnet.

Sr. Elisabeth, eine sehr magere Schwester, betet beim Chorgebet laut vor: „Mein Geist hat Fleisch und Knochen", statt „Kein Geist hat Fleisch und Knochen". Und eben diese Schwester, die eine Begabung für derlei Versprecher zu haben scheint, betete im Speisesaal: „Herr, vergib (statt vergilt) denen, die uns Speise bereitet haben..."

„Der aufgeweckte Siebenschläfer"

Im neuen Haus befindet sich anstatt der alten Urwaldtrommel (die so von den Schwestern benannte ohrenbetäubende Hausglocke) eine elektrische Klingelanlage. Eines Nachts läutet diese ohne Unterlass, worauf die geängstigten Schwestern, jede in ihrer Nachtadjustierung, schlaftrunken und von Panik ergriffen, durch die dunklen Klostergänge laufen. Wer läutet die Glocke? Alle Stellen, von denen aus sie betätigt werden kann, werden aufgesucht – nichts und niemand! Große Ratlosigkeit, bis eine Schwester auf die Idee kommt, vielleicht noch außerhalb der Klausur bei der Taste der Pförtnerin nachzusehen. Und hier finden sie des Rätsels Lösung: Auf der Klingeltaste liegt das Buch „Der aufgeweckte Siebenschläfer", das von der Pfortenangestellten nach

Beendigung der Lektüre schlecht hingelegt worden und umgefallen war, ausgerechnet auf die Klingeltaste. Einmal muß es doch in jedem Kloster geistern!

Vor dem Eintritt ins Kloster

Ein junges hübsches Mädchen, ganz der Musik ergeben, entschließt sich nach dem Studium, ins Kloster zu gehen. Wie so oft vor einem neuen Lebensabschnitt fühlen sich viele Leute berufen, besonders einem jungen Menschen gute Ratschläge auf den Lebensweg mitzugeben und auf Gefahren und negative Situationen aufmerksam zu machen. Unter anderem erfolgte der Hinweis: „Wir haben gehört, dass die Bewohner dieses Ordens in einem Sarg schlafen!" Darauf die prompte Antwort der zukünftigen jungen Schwester: „Solange sie den Deckel nicht zumachen, macht es mir nichts aus!"

Frühstück

Klosterkandidatinnen haben für gewöhnlich einen recht guten Appetit. Schon bei der Morgenbetrachtung freut man sich auf das angenehme Ereignis des Frühstücks: Wie herrlich schmeckt dieses Getränk, es wird in vollen Zügen genossen - doch, o Schreck, o Graus. Diesmal befand sich auf dem Grund der Schale eine Spinne, der halt auch der Kakao geschmeckt hatte - leider zu ihrem Verderben und zum Übel der Schwester! Von Ekel ergriffen, stürzte diese bei der Refektoriumstür hinaus, natürlich mit den entsprechenden Lauten. Die Küchenschwester gibt cool von sich: „Na, wegen so einem kleinen Viecherl so ein großes Theater!"

Arbeiter im Haus

Arbeiter kommen morgens etwas verspätet an (es war Montag und man sollte schon auch als Ordensfrau dafür Verständnis haben!), lassen sich gemütlich nieder und beginnen ihre Jause. Die Priorin wartet geduldig ab, doch nach längerer Zeit hört sie im Geiste den Geldbeutel klingeln und schickt eine Schwester hinunter, um die Lage zu erkunden: „Die ehrwürdige Mutter läßt fragen, wann gedenken die Herren, mit der Arbeit zu beginnen?“ Darauf der Vorarbeiter: „Sagen S' der EWIGEN Mutter, wir fangen gleich an!“

Es brennt nämlich gerade

Im Pfortentrakt war durch ein Mißgeschick ein Brand entstanden. Die Schwestern waren tapfer beim Löschen, als ein Herr an die äußere Pforte kam und läutete. Die Pfortenschwester empfing ihn mit Gelassenheit und teilte höflich mit: „Bei uns brennt es nämlich gerade, wenn der Herr so freundlich wäre und sich einstweilen ein wenig ins Sprechzimmer setzen möge!“ Der Gast traute seinen Ohren nicht – hatte er wirklich richtig verstanden?

Als dann die Feuerwehr und Polizei am Brandort eintrafen und sie die abgekämpften, von Ruß geschwärzten Schwestern sahen, sagte einer von ihnen: „Liab schaun's aus!“

Hoher Besuch

Wenn sich im Kloster irgend eine Eminenz, Exzellenz oder ein sonstiges höheres Wesen anmeldet, um den Schwestern mit seinem Besuch eine besondere Ehre zu erweisen, treten hinter den Klostermauern auf einmal veränderte Verhältnisse ein. In solchen Situationen könnte man den Eindruck gewinnen, die ehrwürdigen Schwestern gehörten einer Reinigungsfirma an und würden ihren Lebensunterhalt mit Akkordarbeit verdienen. Wenn aber die Zeit drängt, der hohe Gast bereits vor der Tür steht und zu derlei hektischen Maßnahmen keine Minute mehr zur Verfügung steht, muss blitzartig ein kreatives Mitglied aus dem Klosterverband eine Idee haben, um das Problem zu lösen. Aber gerade in schwierigen

Momenten verläßt der Hl. Geist die Seinen nicht! Der schnelle Entschluss, rasch alle schmutzigen Fenster einfach zu öffnen, brachte den Schwestern sogar noch Ehre und Staunen ein. Der hochwürdigste Pater General schätzte die Schwestern als große Asketinnen ein und meinte, bei so einer Kälte – es war gerade im Herbst – und vor allem bei diesem Luftzug könnte er auf die Dauer nicht leben.

Ein Lehrling im Nonnenkloster

Im Keller gab es einen Kurzschluss, also mußte ein Elektriker her. Der bekannte Meister kam mit einem neuen Lehrling. Dieser schien über Klöster „aufgeklärt" worden zu sein und als er an der Klosterpforte stand und diese sich rasselnd öffnete, packte ihn beim Anblick der ausgedehnten Räume und zweier dunkler Gestalten das Grauen. Er ließ die Werkzeugkiste mit dem Aufschrei fallen: „Mei' Muatta will mi!" – und ergriff die Flucht...

Lieferanten

Vor Jahren wurde von einem Lieferanten eine Maschine ins Haus gebracht. Es war zur Zeit, als auch männliche Wesen langes Haar zu tragen begannen. Während die beiden Arbeiter sich anschickten, die Maschine auszupacken, betrachtete eine ältere Schwester mit etwas auffälligen Gesten den einen von ihnen und zerbrach sich den Kopf darüber, ob das wohl ein junger Mann oder eine junge Frau sei. Dieser spürte ihren prüfenden Blick auf sich ruhen und machte mit den Worten „Wann S' Zweifel ham, i bin a Mann" ihrer Verunsicherung ein Ende.

Schlusswort

Abschließend noch eine kleine Anmerkung, die mir sehr am Herzen liegt: Die Orden werden gerade in dieser Zeit weiterbestehen können. Vieles wird sich noch ändern. Die Orden sind von den Umbruchszeiten genauso betroffen wie die übrige Gesellschaft. Von einem bin ich überzeugt: Wir müssen Mut zum Leben haben und Vertrauen, dass Gott unser Begleiter ist.

Neues ist nicht immer schlecht, Altes war nicht immer gut. Neues kann gut sein, es darf nicht sofort abgelehnt werden; aber auch das Alte hatte viel Gutes.

Jetzt aber die letzte Anekdote:

Nur nicht aufgeben!

Keiner ist vor Krankheiten gefeit: Manche können überwunden werden, manche nicht, und in gewissen Fällen geschieht ein Wunder. Von einem solchen soll berichtet werden: Sr. Maria, ausgestattet mit einer robusten Natur, wurde mit Blinddarmdurchbruch ins Krankenhaus eingeliefert. Sie wurde operiert, doch es hatte sich bereits eine Bauchfellentzündung eingestellt. Die Schwester, bereits von Ärzten aufgegeben, wurde gefragt, ob sie einen letzten Wunsch hätte. Mühsam gab sie zu verstehen, man möge ihr zum Abschied nochmals ihre Lieblingsspeise reichen, nämlich einen Salzhering und ein Glas Bier. Durch diese Speise gestärkt, kehrten ihre Lebensgeister wieder zurück und sie verbrachte noch viele Jahre im Kreise ihrer Mitschwestern.

Adressenverzeichnis:

Wenn Sie genauere Informationen über die einzelnen Gemeinschaften haben wollen, wenden Sie sich bitte direkt an folgende Adressen:

- Prämonstratenserstift Schlägl, 4160 Schlägl 1
- Generalat der Kalasantiner - Kongregation, Gebrüder Lang-Gasse 7, 1150 Wien
- Provinzialat der Österreichischen Kamillianer, Versorgungsheimstraße 72, 1130 Wien
- Benediktinerstift Admont, 8911 Admont 1
- Heilig - Kreuz - Karmel, 8572 Bärnbach
- Benediktinerinnen, Kinderheim, 6108 Scharnitz
- Kongregation der Barmherzigen Schwestern vom hl. Vinzenz von Paul, Gumpendorfer Straße 108, 1060 Wien
- Augustiner-Chorfrauen, Goldenstein, 5061 Elsbethen
- Steyler Missionare, St. Gabriel, 2340 Mödling
- Zisterzienserabtei Stift Heiligenkreuz, 2532 Heiligenkreuz 1
- Benediktinerstift Göttweig, 3511 Furth bei Göttweig
- Zisterzienserabtei Stift Schlierbach, 4553 Schlierbach 1
- Zisterzienserabtei Wettingen-Mehrerau, Mehrerauer Str. 66, 6903 Bregenz
- Tiroler Franziskaner, Angerzellgasse 5, 6010 Innsbruck
- Zisterzienserstift Wilhering, Linzer Str. 4, 4073 Wilhering
- Missionsschwestern „Königin der Apostel“, Kreuzwieseng. 9, 1170 Wien
- Zisterzienserinnenabtei Mariastern-Gwiggen, 6914 Hohenweiler
- Apostolatshaus der Pallottiner, Mönchsberg 24, 5010 Salzburg
- Provinzsekretariat der Kapuziner, Kaiserjägerstr. 6, 6020 Innsbruck
- Dienerinnen des Hlgst. Herzens Jesu, Baumgasse 20 A, 1030 Wien
- Kongregation der Schulschwestern von Hallein-Salzburg, Mutterhaus Emsburg, Hellbrunner Allee 52, 5020 Salzburg

- Provinzialat der Redemptoristen, Salvatorgasse 12, 1010 Wien
- Kongregation der Barmherzigen Schwestern vom hl. Vinzenz von Paul, Rennweg 40, 6020 Innsbruck
- Augustiner-Chorherrenstift Klosterneuburg, 3400 Klosterneuburg
- Augustiner-Chorherrenstift St. Florian, Stiftsstr. 1, 4490 Markt St. Florian
- Missionare vom Heiligsten Herzen Jesu, Postfach 1, Schönleitenstr. 1, 5013 Salzburg-Liefering
- Kongregation der Barmherzigen Schwestern vom hl. Vinzenz von Paul, Salzachgässchen 3, 5020 Salzburg
- Kongregation der Schulschwestern von Vöcklabruck (Franziskanerinnen Vöcklabruck), Salzburger Str. 18, Postfach 59, 4840 Vöcklabruck
- Missionskongregation der Dienerinnen des Hl. Geistes, St. Koloman-Kloster, Horner Str. 75, 2000 Stockerau
- Benediktinerabtei Michaelbeuern, 5152 Michaelbeuern 1
- Fraternität der Kleinen Schwestern Jesu, Bauernzeile 15, 2403 Regelsbrunn
- Schwestern der Heiligen Klara von Assisi - Klarissen-Eremitinnen, Schloßweg 5, 6820 Frastanz
- Benediktinerstift Seckau, 8732 Seckau
- Marienschwestern vom Karmel, Friedensplatz 1, 4020 Linz
- Barmherzige Schwestern vom hl. Vinzenz von Paul, Klostergasse 10, 6511 Zams
- Dominikanerinnen Ilanz, Salzburg, Gaisbergstr. 27, 5020 Salzburg-Parsch
- Redemptoristinnen, Kloster St. Anna, Braunauer Str. 8, 4910 Ried
- Kleine Brüder Jesu, Arbeitergasse 18/17, 1050 Wien
- Benediktinerinnen der Anbetung, Liebhartstalstr. 52, 1160 Wien
- Kloster der Heimsuchung Mariens, Rennweg 10, 1030 Wien
- Zisterzienserstift Rein, 8103 Stift Rein
- Kloster Ewige Anbetung, Karl-Kapferer-Str. 7, 6020 Innsbruck
- Augustiner-Chorherrenstift Reichersberg, 4981 Reichersberg 1